Reclams Kleiner Verdi-Opernführer

Reclams
Kleiner Verdi-Opernführer

Von Rolf Fath

Philipp Reclam jun. Stuttgart

Mit 7 Abbildungen

Universal-Bibliothek Nr. 18077
Alle Rechte vorbehalten
© 2000 Philipp Reclam jun. GmbH & Co., Stuttgart
Umschlagabbildung: *Don Carlos* – Marjana Lipovšek als Prinzessin
Eboli, Francisco Araiza als Don Carlos; Inszenierung von Nikolaus
Lehnhoff am Opernhaus Zürich (1993). Foto: Schlegel & Egle, Zürich
Gesamtherstellung: Reclam, Ditzingen. Printed in Germany 2000
RECLAM und UNIVERSAL-BIBLIOTHEK sind eingetragene Marken
der Philipp Reclam jun. GmbH & Co., Stuttgart
ISBN 3-15-018077-5

Inhalt

Vorwort 7

Biographie 11

Verdis Opernschaffen im Überblick 20
Oberto, Conte di San Bonifacio (1839) 21
Un giorno di regno (1840) 25
Nabucco (1842) 30
I Lombardi alla prima crociata (1843) /
  Jérusalem (1847) 36
Ernani (1844) 42
I due Foscari (1844) 46
Giovanna d'Arco (1845) 49
Alzira (1845) 52
Attila (1846) 55
Macbeth (1847) 60
I masnadieri (1847) 65
Il corsaro (1848) 68
La battaglia di Legnano (1849) 71
Luisa Miller (1849) 75
Stiffelio (1850) / Aroldo (1857) 81
Rigoletto (1851) 87
Il trovatore (1853) 95
La Traviata (1853) 101
Les vêpres siciliennes (1855) 110
Simon Boccanegra (1857) 116
Un ballo in maschera (1859) 123
La forza del destino (1862) 129
Don Carlos (1867) 136
Aida (1871) 146

Otello (1887) 154
Falstaff (1893) 162

Librettisten 171

Anhang

Literaturhinweise 181
Verzeichnis der Opern
 (Originaltitel und deutsche Titel) 182
Verzeichnis der Arien und Ensembles 183
Verzeichnis der Rollen 199

Zum Autor 213

Vorwort

»Wir waren wieder einmal den alten *Troubadour* anschauen. Welch meisterliches Werk, welch genaue und sublime Kenntnis des Theaters. Ein großartiges Libretto, voll Abenteuer, Ruhm, Todesnot und Liebe. Und über allem dieser Strom einer vollkommenen musikalischen Inspiration. Ja, das ist Oper, und wir wollen uns ein Mal mehr daran freuen, dass wir musikalisches Theater haben, denn es ist ja doch eigentlich die wahre Erfüllung des Dramas. Das aber, was uns der große alte Mann aus Roncole geschenkt hat, vom *Rigoletto* an bis zum *Falstaff* das ist eben doch sternenhoch über Mittelmaß – er ist doch der Shakespeare der Opernbühne. Das ist Leidenschaft, und in alle dem schlägt ein großes Herz. Allein die Szene des Miserere würde genügen, ihm seinen Platz unter den wenigen Großen zu geben«. Hugo von Hofmannsthal hat so unübertrefflich in Worte gefasst, wie es uns allen ergeht, wenn wir nach ausschweifenden Wanderungen durch das Opernrepertoire zu Verdi zurückkehren, sei es zum »alten *Troubadour*«, zum *Don Carlos* oder zu welchem seiner Meisterwerke auch immer. Einige seiner Opern kann man oft genug hören; erst der Vergleich zeigt, wie viel dramatische Schlagkraft, Menschlichkeit und Wahrhaftigkeit in 30 Minuten eines Akts der *Traviata* stecken.

Als Verdi starb, am 27. Januar 1901 um 2.50 Uhr in Mailand im Grand Hotel, waren seine Opern, mit wenigen Ausnahmen, aus der Mode gekommen. Für die fortschrittlichen Kreise der Jahrhundertwende verkörperte Verdi das alte Opernspiel des 19. Jahrhunderts, und in Deutschland hatte er mit den üblichen Ressentiments zu kämpfen. Wie jeder italienische Komponist wurde auch er an seinem gleichaltrigen Konkurrenten Wagner gemessen, der die Oper revolutioniert hatte. Stellvertretend sei hier die Einschätzung von Hermann Kretzschmar in seiner *Geschichte* der *Oper* von 1919 zitiert: »Bei Werken wie *Rigoletto*, *Traviata* ist der Haupteindruck beklemmend, Schrecken über die Leere einer Zeit, die in solcher krankhaften Richtung nach Poesie sucht, Bedauern über das musikalische Talent, das an dergleichen ekelhafte Geschichten hinausgeworfen ist. Mit der *Forza del destino*, deren Text von Piave ist, tritt die Wende ein. Hier zeigt sich zum ersten Male der Einfluss Wagners stärker im architektonischen Plan der Oper, in *Aida* blicken die Elsaszenen des Lohengrin deutlich durch.«

Merkwürdigerweise setzte in den späten 20er-Jahren die Verdi-Renaissance mit den Wiederentdeckungen von *Macht des Schicksals*, *Simon Boccanegra* und *Don Carlos* – in den Neudichtungen Franz Werfels – in Deutschland ein. Seit den Gedenkfeiern anlässlich des 50. Todestags 1951 stehen nicht nur Verdis Hauptwerke ständig auf dem Spielplan der größeren Häuser, sondern werden auch die obskursten seiner Opern gelegentlich aufgeführt und neuerlich auf den Prüfstand gehoben. Egal wie streng oder großzügig man zählt – also nur acht, neun Opern oder gleich die Hälfte seines Schaffens –, es rangiert kein anderer Opernkomponist so häufig und beständig in der Bestenliste der Spielpläne.

Was kann uns also das Jubiläumsjahr 2001 bringen? Neue Verdi-Biografien wird es geben, sicherlich Filme und neue Gesamteinspielungen – bei den französischen Versionen einiger Opern sind immer noch eklatante Lücken festzustellen. Die kritische Ausgabe seiner Opern schreitet voran, und die Bühnen werden das tun, was sie immer tun: sie spielen viel Verdi. Die Wiener Staatsoper widmet Verdi einen ganzen Monat und spielt am Todestag den *Otello* (mit José Cura), die Deutsche Oper Berlin nimmt *Luisa Miller* in ihr Repertoire auf, präsentiert im Januar 2001 ebenfalls »Festliche Verdi-Tage« mit dem *Falstaff* am Todestag, und die Staatsoper unter den Linden folgt am Tag danach mit einer Neuproduktion des *Otello*; die Met gibt *Aida* (mit Luciano Pavarotti), Covent Garden den *Falstaff*. Die Scala eröffnet die Spielzeit 2000/01 festlich mit einem neuen

Troubadour, Hamburg spielt *Rigoletto*, Dresden, immerhin durch Werfels Nachdichtung der *Macht des Schicksals* (1926) an der Verdi-Renaissance beteiligt, verzichtet auf einen Beitrag. ›Business as usual‹. Verdis Opern gehören wie die Dramen Shakespeares zum unverzichtbaren Theateralltag, und es bedarf keiner besonderen Erinnerung.

Vorliegender Band führt in alle Opern Verdis ein, er berücksichtigt also auch die frühen Werke, die sich zunehmend größerer Bewunderung erfreuen. Neben den ausführlichen Inhaltsangaben, Angaben zu Personen und Aufführungsdauer, findet der Leser Informationen zur Entstehungs- und Aufführungsgeschichte und Hinweise zu den musikalischen Besonderheiten. Die CD-Empfehlungen sind weitgehend auf leicht verfügbare Studioaufnahmen und wenige Live-Aufnahmen beschränkt. Schließlich ermöglichen ausführliche Arien- und Rollenregister einen raschen Zugriff auf die gesuchte Oper.

Biographie

Giuseppe, genauer: Joseph Fortunin François, Verdi wurde am 9. oder 10. Oktober 1813 in dem kleinen Ort Le Roncole geboren und starb am 27. Januar 1901 in Mailand. Verdi feierte seinen Geburtstag am 9. Oktober, das Taufregister in Busseto verzeichnete seine Geburt am 11. Oktober mit dem Hinweis, das Kind sei am Tag zuvor auf die Welt gekommen.

Giuseppe Verdi gehört zu den wenigen Komponisten, deren Werke aus dem internationalen Opernrepertoire nicht wegzudenken sind. Als »Maestro della rivoluzione italiana« spielte Verdi, dessen Name nach der Uraufführung des *Ballo in maschera* (1859), als Anagramm für *Vittorio Emanuele Re D'Italia* (›Vittorio Emanuele, König von Italien‹), zum Bekenntnis eines geeinten Italiens wurde, als moralische und später künstlerische Instanz eine singuläre Rolle. Mit seinen 26 Opern, wovon rund die Hälfte zum festen Repertoire der internationalen Bühnen zählt, ist Verdi ohne Zweifel der erfolgreichste und populärste Opernkomponist, vom Publikum wie von der Kritik und Musikwissenschaft gleichermaßen geschätzt – ein seltener Fall. Der Gefangenenchor aus *Nabucco* nahm in Italien den Rang einer heimlichen Nationalhymne an, und die Kanzone des Herzogs *La donna è mobile / Oh, wie so trügerisch sind Weiberherzen* aus *Rigoletto* ist eine von vielen Verdi-Arien, die weltweit zum geflügelten Wort wurden.

Als Verdi geboren wurde, gehörte der nur fünf Kilometer südöstlich der Kleinstadt Busseto – selbst rund 35 km von Parma entfernt – gelegene Weiler Le Roncole zum französischen Machtbereich, wodurch sich die französische Schreibweise von Verdis Vornamen im Taufregister erklärt. 1814 wurde das Herzogtum Parma, wie auch die Lombardei, Venetien und die Toscana, der habsburgischen Monarchie zugeschlagen. Giuseppe, Sohn eines Gastwirts, wurde von

Don Pietro Baistrocchi, dem Organisten von Le Roncole, unterrichtet und übernahm nach dessen Tod 1822 bestimmte seiner Aufgaben. Ab 1823 besuchte Verdi das Gymnasium in Busseto und erhielt von Ferdinando Provesi (um 1770 – 1833), dem städtischen Musikdirektor, eine musikalische Ausbildung. Ab 1831 lebt er im Haus des Kaufmanns und Mäzens Antonio Barezzi (1798–1867), seines späteren Schwiegervaters, Förderers und väterlichen Freundes. Da Verdi am Mailänder Konservatorium in der ausländischen Lombardei nicht aufgenommen wurde, ermöglichte ihm Barezzi dort 1832 eine private Musikausbildung bei Vincenzo Lavigna (1776–1836), dem ehemaligen Maestro al cembalo an der Mailänder Scala. Der in Neapel ausgebildete Lavigna war selbst ein nicht unbedeutender Komponist, dessen elf Opern und zwei Ballette mit gewissem Erfolg an der Scala aufgeführt wurden. 1836 wird Verdi Maestro di musica in Busseto und heiratet Barezzis Tochter Margherita (1814–1840).

Die im März 1837 geborene Tochter Virginia stirbt im August 1838. Im Juli 1838 kommt der Sohn Icilio zur Welt, der ein Jahr später stirbt. 1839, wenige Wochen nach dem Tod des Sohnes, gelangt Verdis erste Oper *Oberto, Conte di San Bonifacio*, an der Mailänder Scala zur Uraufführung. Da Bartolomeo Merelli (1795–1879), der Direktor des Hauses, ihm einen Vertrag für drei weitere Opern anbietet, übersiedelt die Familie nach Mailand. Im Juni 1840 stirbt Verdis Gattin Margherita. Verdis zweite Oper (*Un giorno di regno*), abgesehen vom über 50 Jahre späteren *Falstaff* seine einzige komische Oper, gerät zum Fiasko, und Verdi will seine Laufbahn als Opernkomponist beenden. Gerade zu diesem Zeitpunkt, da Verdis Zukunft als Opernkomponist in Frage steht, spielt ihm Merelli das Textbuch zu *Nabucco* zu, das Verdi sofort vertont. Die Oper wird an der Scala 1842 zu einem einzigartigen Erfolg und innerhalb weniger Jahre überall gespielt, wo es Opernhäuser gab, von Korfu bis Buenos Aires, von Havanna bis New York; zur Aufführrung in Wien unternimmt Verdi 1843 seine erste Auslandsreise.

Alle Hoffnungen der italienischen Oper richten sich auf Verdi: Vincenzo Bellini ist tot, Gioachino Rossini hat 1829 seine letzte Oper geschrieben und das Schaffen des in geistige Umnachtung versinkenden Gaetano Donizetti, der den jungen Rivalen 1845 neidlos als den »Mann der Zukunft« bezeichnet, neigt sich dem Ende zu.

Mit der Sängerin der Abigaille, Giuseppina Strepponi (1815–1897), lebt Verdi, zum Befremden der konservativen Gesellschaft, ab 1847 in wilder Ehe zusammen; erst am 29. August 1859 wird sie in Collanges-sous-Salève, einem zu Italien gehörenden Dorf in Savoyen, offiziell seine zweite Frau. Für die sensible, zurückhaltende und gescheite Giuseppina ist Verdi, bevor Thomas Mann viel später von seinen Kindern mit dem Titel belegt wurde, »il mago« (›der Zauberer‹). Im italienischen Opernbetrieb war er später »il vecchio« (›der Alte‹); für den Dichter und Politiker Antonio Fogazzaro, so in der Senatssitzung am Tag von Verdis Tod, war er »ein Souverän«.

Es beginnen die Jahre, die Verdi, 1858 rückblickend, als seine 16 Galeerenjahre (»anni di galera«) bezeichnete, wo er als *compositore scritturato* einen Opernauftrag (*scrittura*) nach dem anderen für die jährlich nach neuen Opern (*opere d'obbligo*) verlangenden italienischen Theater erfüllte.

Begeistert werden die nächsten Opern aufgenommen. Vor allem die martialisch-aggressiven und schwungvollen Chöre in *I Lombardi* (1843) oder *Ernani* (1844) ertönen auf den Straßen als Fanale der Unabhängigkeitsbewegung. Es folgen *I due Foscari* (1844), *Giovanna d'Arco* (1845), *Alzira* (1845), *Attila* (1846), *I masnadieri* (1847), *Il corsaro* (1848), dann als direkte Reaktion auf die »Cinque Giornate«, während denen im März 1848 der österreichischen Herrschaft in Mailand ein Ende gemacht wurde, *La battaglia di Legnano* (1849), *Stiffelio* (1850). Bereits *Macbeth* (1847) leitet eine künstlerische Neuorientierung ein, die nach *Luisa*

Miller (1849) zu der Erfolgstrias – »trilogia popolare« – *Rigoletto* (1851), *Il trovatore* (1853) und *La Traviata* (1853) führt. Wie damals üblich, passt Verdi seine Rollen den stimmlichen Möglichkeiten seiner Sänger an, indem er ihnen mehrere Alternativen offeriert bzw. für neue Produktionen und andere Interpreten auch Arien schreibt, die ihren Fähigkeiten am besten entsprechen. Durch die Herausgabe authentischer Klavierauszüge versucht er ab *Macbeth* zu erreichen, dass seine Werke nicht mehr in verstümmelter Form aufgeführt wurden. Ungewöhnlich ist auch die hohe Zahl von Proben, die Verdi gegenüber den nur sechs oder sieben Proben zu Rossinis Zeiten verlangte (bei *Macbeth* forderte er gar 100 Proben), völlig neu auch die Generalprobe im Kostüm.

Verdi ringt immer mehr um seine Stoffe und nimmt starken Einfluss auf die Gestaltung des Textes. *La Traviata*, ein Stoff aus der Gegenwart, wird ein Reinfall. Ab Herbst 1853 lebt Verdi, enttäuscht vom italienischen Opernbetrieb, bis 1857 fast durchgehend in Paris. Hier hatte er bereits 1847–1849 die Umarbeitung von *I Lombardi* sowie *Il Corsaro* und *La Battaglia* geschrieben. Als erster Auftrag für die Grand Opéra entsteht 1855 *Les Vêpres siciliennes*, dem als zweiter Pariser Auftrag zur Weltausstellung 1867 *Don Carlos* folgen wird.

In Rom ergeben sich anlässlich des *Ballo in maschera* (1859) Probleme mit der Zensur des Papststaates, der ambitionierte *Simon Boccanegra* (1857) in Venedig bleibt erfolglos. Für mehr als 20 Jahre zieht sich Verdi daraufhin von den heimischen Musikbühnen zurück und widmete sich der Überarbeitung früherer Werke. Bereits 1848 hatte er wenige Kilometer nördlich von Busseto bei Villanova d'Arda das Landstück Sant'Agata gekauft, wo er sich zunehmend der Landwirtschaft widmet. Er baut dort ein Haus mit eigenem Oratorium, legt einen Park an, später einen Staudamm und einen künstlichen See, führte Dampfpflug und Dreschmaschine ein, betreibt ein mustergültiges Gut und nennt sich

»einen Abgeordneten Mittelitaliens, der die Dummheit begangen hat, jahrelang Noten zu schreiben«.

1860 werden die Bourbonen gestürzt, Cavour marschiert in Neapel ein. Von Camillo Benso di Cavour lässt sich Verdi überreden, als Abgeordneter des Kreises Busseto zu fungieren. Nachdem Österreich 1859 Piemont den Krieg erklärt hatte, war es 1860 zur Vereinigung Italiens und 1861 zur Königsproklamation von Vittorio Emanuele II. gekommen. Verdi ist bei der Eröffnung des ersten Parlaments des Königreichs in Turin anwesend und bei der Ernennung Vittorio Emanueles II. zum italienischen König, lässt sich aber nach vierjähriger Tätigkeit als Deputierter von seinen Aufgaben entbinden. Verdi spielt eine entscheidende Rolle bei der Einführung des Urheberschutzgesetzes, das allerdings erst Jahrzehnte später unterzeichnet wurde. 1874 wird Verdi zum Senator des Königreiches Italien ernannt, leistet im Jahr darauf den Eid, ohne sich je wieder im Senat in Rom blicken zu lassen.

Nach diesem ersten politischen Zwischenspiel komponierte Verdi seine drei nächsten Werke für ausländische Bühnen: für St. Petersburg *La forza del destino* (1862), für Paris *Don Carlos* (1867), und für Kairo folgt die ursprünglich zur Eröffnung des Suezkanals geplante *Aida* (1871).

Ein einschneidendes Erlebnis ist im Juni 1868 in Mailand die Begegnung mit dem greisen Dichter Alessandro Manzoni (»Ich wäre vor ihm niedergekniet, könnte man Menschen anbeten«). Manzonis Tod 1873 erschüttert Verdi. Zum Gedenken an den von ihm verehrten Dichter schreibt Verdi seine einzige Totenmesse. Das *Requiem*, dessen Uraufführung er am ersten Todestag Manzonis in Mailands San Marco dirigiert, gerät unter seiner Leitung auch in Paris, London und Wien zu einem Triumph. In Paris wird Verdi zum Komtur der Ehrenlegion ernannt, 1880 erhält er das Großkreuz der Ehrenlegion, in Wien zeichnet ihn der Kaiser des einst feindlichen Österreich mit der höchsten Medaille für Kunst und Wissenschaft aus.

Nach erneuten Schaffenspausen kommt es ab 1879 mit Arrigo Boito zur kongenialsten Zusammenarbeit eines Komponisten mit seinem Textdichter und zu den späten Mailänder Triumphen des *Otello* (1887) und *Falstaff* (1893). Bei der römischen Aufführung des *Falstaff* kann er aus der Loge des Königs den Applaus des Publikums entgegennehmen. Zu den französischen Erstaufführungen der beiden letzten Opern reisen Giuseppina und Giuseppe Verdi 1894 ein letztes Mal nach Paris.

Das *Te deum* (1886) und das *Stabat mater* (1897) sind seine letzten Werke. Er lehnt es ab, dass das Konservatorium in Mailand seinen Namen trägt und ersucht einen Minister zu verhindern, dass ihn der König mit dem Titel und den Privilegien eines Marchese auszeichnet.

1896 stiftet Verdi die von Arrigos Bruder Camillo Boito in Mailand errichtete und 1900 eröffnete »Casa di riposo«, ein Altersheim für bedürftige Künstler, das bis vor kurzem aus Tantiemen an seinen Opern unterhalten wurde. Dort wird er später, wie er es sich erbeten hatte, neben der im November 1897 in Sant'Agata verstorbenen Giuseppina beigesetzt.

Nach Giuseppinas Tod stehen ihm seine Adoptivtochter Maria Carrara, Teresina Stolz (1834–1902, die erste Aida), mit der die Verdis seit Jahrzehnten freundschaftlich verkehrt hatten, Boito und sein Verleger Giulio Ricordi (1840–1912) am nächsten. Im Sommer hält Verdi sich auf seinem Landgut auf, kurt in Montecatini und verbringt den Winter, wie seit 1874 gemeinsam mit Giuseppina, im Palazzo Doria in Genua und im Hotel Milan in Mailand. Dort feiert er im Kreis der Genannten sein letztes Weihnachtsfest. Am 21. Januar 1901 erleidet er einen Schlaganfall, dem er sechs Tage später erliegt. Verdi wird auf dem Cimiterio Monumentale beerdigt und einen Monat später in der Kapelle der »Casa di riposo« beigesetzt. Bei dieser Überführung leitet Arturo Toscanini einen Chor aus neunhundert Sängern, und Tausende von Menschen stimmten in den Gefangenenchor aus

Nabucco ein: *Va, pensiero, sull'ali dorate / Flieg, Gedanke, auf goldenen Flügeln.*

Eine Einteilung in Arbeitsphasen oder ›Stilepochen‹ ist in Verdis Schaffen nur in groben Zügen möglich. Auf erste Opern mit ›patriotischen‹ Sujets und politischer Zündkraft, in denen Verdi die Vorlagen in Beziehung zu den politischen Tendenzen seiner Zeit setzt, folgen Opern, in denen die Gestaltung eines persönlichen Schicksals zu intimen, meisterhaft entworfenen Charakterbildern gerät (ab *Luisa Miller*), dann eine Phase des Suchens und Verwerfens (ab *Les vêpres siciliennes*) und schließlich eine der Kulmination kompositorischer Meisterschaft in den letzten Arbeiten. Thematische und musikalische Schwerpunkte sind als Konzentrat und Keimzelle bereits in den frühen Opern angelegt. Verdis Aufstieg hängt eng mit den politischen Ereignissen des italienischen Freiheitskampfes von den 40er-Jahren des 19. Jahrhunderts bis zur Ausrufung des Königs (1861) zusammen. Doch neben der vordergründigen Aktualität der frühen Opern hat Verdi in späteren Werken (z. B. *Simon Boccanegra*) seine eigentliche politische Anschauung dezidierter dokumentiert. Diese Phasen zeigen Einflüsse des späten Rossini, dann Donizettis, schließlich ist die französische Grand opéra, wie sie Giacomo Meyerbeer repräsentierte, weniger allerdings der von den Zeitgenossen unterstellte Einfluss Wagners, als prägnantestes Vorbild zu erkennen. Viele der von ihm bewunderten Szenen in Meyerbeers *Les huguenots* (*Die Hugenotten*) und *Le prophète* hinterlassen tiefe Spuren in Verdis Opern bis hin zu *Aida* und *Otello*. Höhepunkte sind diesbezüglich das Autodafé im *Don Carlos* und das Finale des 3. Aktes von *Otello*, eine der am dichtesten konstruierten und dramatisch packendsten Ensembleszenen, in der innere und äußere Handlung einer Explosion zutreiben.

Schlüsselworte in seinem Suchen nach konzentrierter szenischer Aktion, Wirkung (»effetto«) und geballtem Ausdruck sind »parola scenica« und »varietà«: der treffende Ausdruck, um den er mit seinen Textdichtern unermüdlich rang, und die kontrastreiche, kühne, affektvolle Handlung. Bei allem Konventionellen in den frühen Opern betrat Verdi die Szene doch mit einer Schwindel erregenden, fast brutalen Kraft, mit einer draufgängerischen Leidenschaft, lodernden Melodien und hemmungslos brillanten Cabaletten, die seinen frühen Werken einen unverkennbaren, individuellen Stil verleihen. Gerade den Cabaletten fehlt die zarte Eleganz, wie sie Verdis Vorgänger besaßen, doch sie gleichen, nicht nur die berühmteste von ihnen, die Stretta aus dem *Trovatore,* kämpferischen Fanalen. An Cammarano schrieb er diesbezüglich: »Wenn es in den Opern keine Kavatinen, keine Duette, keine Terzette, keine Chöre, keine Finali usw. gäbe und wenn die ganze Oper nur, ich möchte fast sagen, eine einzige Nummer wäre, dann würde ich das vernünftiger und richtiger finden.«

Verdi war auf der Suche nach musikalischer Wahrhaftigkeit: »Die Wahrheit zu kopieren, kann eine gute Sache sein, aber die Wahrheit zu erfinden, ist viel besser. ... Möglich dass Papà [Shakespeare] einmal mit irgendeinem Falstaff zusammengekommen ist, aber schwerlich ist er einem so verbrecherischen Verbrecher wie Jago begegnet und nie, niemals Engeln wie Cordelia, Imogen, Desdemona. – Und doch sind sie so wahr! Das Wahre zu kopieren ist schön, aber Photographie, nicht Malerei.« (Verdi 1876 an Clara Maffei.) Um der »Wahrheit« willen ließ Verdi das obligate Nummernschema der italienischen Oper hinter sich und fügte die arios durchgliederten Rezitative, das sprechende Parlando in große dramatische Sequenzen ein, ohne das Primat des Sängers – fast alle seine Partien wurden für die jeweiligen Interpreten ›maßgeschneidert‹ – zu vernachlässigen. Ab *Rigoletto* unterwarf Verdi jedes Werk seiner künstlerischen Vorstellung und weigerte sich, Zugeständnisse an die Sänger zu machen. In der *Rigoletto*-Partitur druckte Ricordi erstmals sämtliche Orchesterstimmen.

Die Vorherrschaft der Vokalmusik, damit verbunden die seit dem 17. Jahrhundert in Italien ausgebildete Gesangskunst, stand für Verdi gegenüber der sinfonischen Musik immer im Vordergrund (selbst die in Konzerten anzutreffenden *Nabucco*- und *Forza*-Ouvertüren sind zusammengezimmerte Potpourris). Außer Frage steht, dass Verdis Forderungen nach markanten Akzenten, kraftvoll federnden Melodien und leidenschaftlichen, dramatischen Rezitativen einen anderen Sängertypus verlangte als beispielsweise der in der Belcantokunst des 18. Jahrhunderts verankerte Rossini. Vokale Zierkunst geht verloren, wo leidenschaftliche Attacke und größeres Tonvolumen verlangt werden.

»Er begann als einer der vielen«, schreibt Oscar Bie trefflich, »und endete als einer der wenigen. Eine ungeheure Entwicklung liegt in seinen Opern beschlossen, so groß, wie sie kein zweiter erlebt hat«. Die Abfolge von Rezitativ und Arie und Ensemble kombinierte Verdi im Laufe der Jahrzehnte immer souveräner. Wie bei Wagner (ab *Lohengrin*) wird der Opernakt zu einem Ganzen, zu einer musikdramatischen Einheit. Aus seinen Spätwerken, *Otello* und *Falstaff*, lassen sich, obwohl immer noch erkennbar, solche Nummern schwer herauslösen. Keine der über 20 Szenen des *Otello* entspricht der traditionellen Solonummer; die Bekenntnisse und Monologe des Jago, Otello und der Desdemona sind eingewoben in eine Handlung, die sich in dialogischen Komplexen entwickelt. *Falstaff* schließlich ist die Ensemble-Oper par excellence, eine Konstruktion aus Quartetten und Quintetten, die miteinander und gegeneinander laufen wie ein perfektes Räderwerk.

Zufrieden war er gleichwohl selten oder nie. Gegen Ende seines Lebens beschrieb er sein Schaffen resignierend als, »Noten über Noten, nichts als Noten. Das ist alles! Traurig aber ist es, dass ich jetzt, in meinem Alter, gewaltig an dem Wert aller dieser Noten zweifeln muss. Welch eine Reue für mich, welche Verzweiflung.«

Verdis Opernschaffen im Überblick

1839	Oberto, Conte di San Bonifacio	Dramma	Antonio Piazza
1840	Un giorno di regno	Melodramma giocoso	Felice Romani
1842	Nabucco	Dramma lirico	Temistocle Solera
1843	I Lombardi alla prima crociata	Dramma lirico	Temistocle Solera
1844	Ernani	Dramma lirico	Francesco Maria Piave
1844	I due Foscari	Tragedia lirica	Francesco Maria Piave
1845	Giovanna d'Arco	Dramma lirico	Temistocle Solera
1845	Alzira	Tragedia lirica	Salvatore Cammarano
1846	Attila	Dramma lirico	Temistocle Solera
1847	Macbeth (2. Fass. 1865)	Opera	Francesco Maria Piave / Andrea Maffei
	I masnadieri	Melodramma tragico	Andrea Maffei
	Jérusalem (2. Fass. von I Lombardi alla prima crociata)	Opéra	Alphonse Royer / Gustave Vaëz
1848	Il Corsaro	Opera	Francesco Maria Piave
1849	La battaglia di Legnano	Tragedia lirica	Salvatore Cammarano
	Luisa Miller	Melodramma tragico	Salvatore Cammarano
1850	Stiffelio	Melodramma	Francesco Maria Piave
1851	Rigoletto	Melodramma	Francesco Maria Piave
1853	Il trovatore	Dramma	Salvatore Cammarano / Leone Emanuele Bardare
1853	La Traviata	Melodramma	Francesco Maria Piave
1855	Les vêpres siciliennes	Opéra	Eugène Scribe / Charles Duveyrier
1857	Simon Boccanegra (2. Fass. 1881)	Melodramma	Francesco Maria Piave
	Aroldo (2. Fass. von Stiffelio)	Melodramma	Francesco Maria Piave
1859	Un ballo in maschera	Melodramma	Antonio Somma
1862	La forza del destino (2. Fass. 1869)	Opera	Francesco Maria Piave
1867	Don Carlos (2. Fass. 1884)	Opéra	Josephe Méry / Camille Du Locle
1871	Aida	Opera	Antonio Ghislanzoni
1887	Otello	Dramma lirico	Arrigo Boito
1893	Falstaff	Commedia lirica	Arrigo Boito

Oberto, Conte di San Bonifacio
Oberto, Graf von San Bonifacio

Dramma in 2 Akten. Text von Antonio Piazza und Temistocle Solera. Uraufführung am 17. November 1839 in Mailand, Teatro alla Scala.

PERSONEN: Oberto, Graf von San Bonifacio (Bass) – Leonora, seine Tochter (Sopran) – Riccardo, Graf von Salinguerra (Tenor) – Cuniza, Schwester von Ezzelino da Romana (Mezzosopran) – Imelda, Vertraute von Cuniza (Mezzosopran) – Ritter, Edelfrauen, Vasallen.

ORT UND ZEIT: Bassano und das nahe gelegene Schloss Ezzelinos, Venetien, um 1228.

SPIELDAUER: ca. 2¼ Stunden (1. Akt: ca. 70 min.; 2. Akt: ca. 60 min.).

Graf Oberto von San Bonifacio wurde von Ezzelino da Romana besiegt und gezwungen, seinen Besitz an den Grafen von Salinguerra abzugeben. Oberto ging nach Mantua ins Exil, seine Tochter Leonora blieb in der Obhut seiner Schwester in Verona, wo sie von einem unbekannten Mann verführt und dann verlassen wurde. Der Fremde war Riccardo von Salinguerra, dessen Hochzeit mit Cuniza, der Fürstin von Bassano und Schwester Ezzelinos, für den Tag angesetzt ist, an dem die Handlung einsetzt.

1. Akt. Riccardo wird vor dem Schloss von den Hofleuten begrüßt, die sich durch die Heirat Frieden erhoffen. Er selbst freut sich aber vor allem über den Machtzuwachs, den ihm seine Heirat einbringt. Auch Leonora, die von der bevorstehenden Hochzeit erfahren hat, nähert sich dem Schloss. Oberto hat das Exil verlassen und sich ebenfalls auf den Weg nach Bassano gemacht, um seine Tochter und ihren Verführer zu bestrafen. Vor dem Schloss treffen Leonora und ihr Vater aufeinander. Leonora erwirkt Obertos Verzeihung unter der Bedingung, die ihr angetane Schmach zu rä-

chen. – Cuniza wird angesichts der Hochzeit von einer seltsamen Unruhe befallen, doch Riccardo gelingt es, sie zu besänftigen. Leonora und Oberto sind ins Schloss gelangt und teilen Cuniza die Wahrheit über Riccardo mit. Cuniza ist bestürzt und will Riccardo in Anwesenheit Leonoras zur Rede stellen. Doch Riccardo windet sich aus der Affäre, indem er Leonora des Verrats beschuldigt, wodurch er gezwungen war, sie zu verlassen. In diesem Moment tritt Oberto aus seinem Versteck und fordert Riccardo zum Duell. Cuniza muss erkennen, dass sie von ihrem Bräutigam getäuscht wurde.

2. Akt. Riccardo wünscht nochmals eine Zwiesprache mit Cuniza, die sie ihm verweigert. Stattdessen will sie ihn zwingen, Leonora zu heiraten. Oberto erwartet Riccardo zum Duell und erfährt durch einige Ritter, dass sich Cuniza bei ihrem Bruder Ezzelino für ihn eingesetzt habe, so dass er nicht fürchten muss, verhaftet zu werden. Riccardo erscheint. Ebenso Cuniza, die Riccardo heftige Vorwürfe macht; Leonora wurde sich inzwischen klar darüber, dass sie den Verführer immer noch liebt. Cuniza fordert Riccardo auf, Leonora zu heiraten. Oberto gibt vor, damit einverstanden zu sein. Er zwingt jedoch Riccardo, nur zum Schein auf eine Hochzeit einzugehen und sich dennoch mit ihm im Wald zu duellieren. Riccardo tötet Oberto im Duell und flieht. Leonora findet die Leiche ihres Vaters und bricht zusammen. Vergebens versucht Cuniza, sie zu trösten. In einem Brief bittet Riccardo Leonora um Verzeihung und bietet ihr seinen gesamten Besitz an, während er ins Ausland flieht. Leonora entschließt sich, ihr Leben im Kloster zu verbringen.

Verdis erste Oper fand nie die gelegentliche Beachtung, wie sie den Opern der »Galeerenjahre« immer wieder zuteil wurde. Und selbst Verdi hielt von dem *Oberto*, der 50 Jahre nach der Uraufführung anlässlich eines Verdi-Festivals 1889 wieder an der Scala gespielt werden sollte, nicht viel. Bei der

Uraufführung an der Mailänder Scala war das Werk, in dem sich Verdi noch ganz den Gegebenheiten des italienischen Opernlebens dieser Zeit beugen musste, jedoch recht erfolgreich. Der Auftrag zu der Oper erfolgte wahrscheinlich bereits 1834 durch Pietro Massini, den Impresario des Mailänder Teatro Filodrammatici. Nach seinem Ausscheiden gelang es Massini das Werk an der Scala unterzubringen, dessen Leiter, Bartolomeo Merelli, Temistocle Solera mit einer Umarbeitung beauftragte. Ausgangspunkt war ein in England spielendes Libretto von Antonio Piazza mit dem Titel *Lord Hamilton* gewesen. Wahrscheinlich war dieser *Lord Hamilton* identisch mit *Rochester*, von dem Verdi 1837 in einem Brief an Merelli sprach, und wurde nach Soleras Umarbeitung in *Oberto* umbenannt. Das Thema war auf dem damaligen Theater durch Ballette von Giacomo Serafini (1832) und Antonio Cortesi (1835) sowie ein Stück von Carlo Marenco (1832) bekannt.

Die Uraufführung des *Oberto*, die ursprünglich mit Verdis späterer Gattin Giuseppina Strepponi als Leonora geplant war, verlief so erfolgreich, dass Merelli dem Komponisten einen Vertrag über drei weitere Opern anbot. Nach vereinzelten Aufführungen wagten sich 1951 die Scala (u. a. mit Maria Caniglia, Tancredi Pasero) und die RAI Turin an das Werk. 1977/78 spielte man es in Bologna und Parma (u. a. mit Angeles Gulin und Simon Estes), 1999 war Michele Pertusi der Oberto beim Festival in Macerata. 1985 kam es in San Diego zur amerikanischen Erstaufführung, 1993 wurde *Oberto* in Leeds (mit John Tomlinson in der Titelrolle) gespielt; die deutsche Erstaufführung fand erst 1999 in Passau statt.

Auch wenn sich im *Oberto* gelegentliche und unvermeidliche Reminiszenzen an Rossini und Donizetti finden, bietet die Oper zahlreiche Vorgriffe auf das spätere Œuvre und zeigt den unverkennbaren Verdi-Stil, der sich im Laufe von 50 Jahren zusehends verfeinerte. Neben der Vater-Tochter-Thematik, die nahezu das gesamte Werk Verdis durchzieht, fällt die Sicherheit und Brillanz in der vokalen Anlage der Arien auf, ein gestisch lodernder Impetus des Gesangs sowie der energisch und leidenschaftlich vorantreibende rhythmische Elan. Zu den zentralen Stücken gehören Rezitativ, Scena und Quartett im 2. Akt (*Di tenere donzelle / Dies ist nicht zarter Jungfrauen Spiel*) sowie das Terzett des 1. Aktes (*Son io stesso! A te davanti / Ich bin es! Vor dir steht*). Für die Mailänder Wiederaufnahme 1840 schrieb Verdi für Cuniza eine neue Cavatina (*O fedeli! A me diletto / Oh, ihr Getreuen, das teure Gelöbnis*) und ein Duett mit Riccardo (*Ah, Riccardo a mia ragione / Ah, Riccardo, meinem Sinn*), welches das Duett *Il pensier d'un amore felice / Der Gedanke an eine glückliche Liebe* aus dem 1. Akt ersetzte.

CD-Empfehlungen

Alfredo Simonetto; Maria Vitale, Elena Nicolai, Richard Bonelli, Giuseppe Modesti; Orchester der RAI Turin (live)
1951 Estro Armonico

Zoltán Pesko; Angeles Gulin, Viorica Cortez, Carlo Bergonzi, Simon Estes; Orchester des Teatro Communale Bologna (live)
1978 Fonit Cetra

Lamberto Gardelli; Ghena Dimitrova, Ruza Baldani, Carlo Bergonzi, Rolando Panerai; Münchner Rundfunkorchester
Orfeo 1984 (2 CD)

Neville Marriner; Maria Guleghina, Violeta Urmana, Stuart Neill, Samuel Ramey; Academy of St Martin in the Fields
Philips 1997 (2 CD)

Un giorno di regno
König für einen Tag

Melodramma giocoso in 2 Akten. Text von Temistocle Solera nach Giuseppe Felice Romanis Libretto zu *Il finto Stanislao* (1818) von Adalbert Gyrowetz, nach der Komödie *Le faux Stanislas* (1809) von Alexandre-Vincent Pineux-Duval. Uraufführung am 5. September 1840 in Mailand, Teatro alla Scala.

PERSONEN: Der Cavaliere von Belfiore, unter dem Namen Stanislao/Stanislaus, König von Polen (Bariton) – Der Baron von Kelbar (Bass) – Die Marchesa von Poggio, eine junge Witwe, Nichte des Barons und Geliebte des Cavaliere von Belfiore (Sopran) – Giulietta von Kelbar, Tochter des Barons und Geliebte Edoardos (Sopran oder Mezzosopran) – Edoardo von Sanval, ein junger Offizier (Tenor) – Der Herr La Rocca, Schatzmeister der bretonischen Stände, Onkel Edoardos (Bass) – Delmonte, Knappe des falschen Stanislaus (Tenor) – Graf Ivrea, Kommandeur von Brest (Tenor) – Kammerdiener, Zimmermädchen, Vasallen des Barons.

ORT UND ZEIT: Auf Schloss Kelbar bei Brest, 1733.

SPIELDAUER: ca. 2 Stunden (1. Akt: ca. 65 min.; 2. Akt: ca. 55 min.).

1. Akt. Der Cavaliere Belfiore spielt in Frankreich die Rolle des polnischen Königs Stanislaus I., damit der echte König unerwartet in Polen erscheinen und seine Thronrechte geltend machen kann. Auf seinem Schloss schlägt Baron von Kelbar dem angeblichen König vor, an zwei Hochzeiten teilzunehmen, an der Vermählung seiner Tochter Giulietta mit dem Schatzmeister La Rocca und der seiner Nichte, der Marchesa von Poggio, mit dem Grafen von Ivrea. Belfiore ist in die Marchesa verliebt und muss fürchten, dass sie seine wahre Identität enthüllt. Er schreibt deshalb an den echten König, damit dieser ihn seines Auftrags enthebe. Inzwischen vertraut ihm der junge Edoardo an, dass Giulietta und er sich gegen den Willen des Vaters inein-

ander verliebt haben. Die Marchesa hat den Cavaliere erkannt, glaubt sich von ihm hintergangen und will seine Liebe auf die Probe stellen, indem sie auf der Heirat mit dem Herzog besteht. Der Cavaliere nutzt seinen Einfluss, um den Schatzmeister von seinen Heiratsabsichten abzubringen. Die Marchesa will Giulietta helfen. Als der Schatzmeister sich jedoch weigert, den Heiratsvertrag zu unterschreiben, fordert er den Zorn des Barons heraus, der sich mit ihm duellieren will. Vergebens versucht die Marchesa ihn zu besänftigen, indem sie vorschlägt, Giulietta mit Edoardo zu verheiraten. Nur der falsche Stanislaus kann den aufgebrachten Vater beruhigen.

2. Akt. Das größte Hindernis für eine Heirat Edoardos mit Giulietta stellt seine Armut dar. Der Cavaliere weiß auch hier Rat, indem er La Rocca überredet, seinem Neffen eine Leibrente zuzusichern. Das Duell findet nicht statt. Die Marchesa und der Cavaliere treffen sich. Obwohl sie ihn auffordert, seine Verstellung aufzugeben, hält er eisern daran fest, der polnische König zu sein. Da sie sich von Belfiore vergessen glaubt, gibt die Marchesa dem Grafen ihr Eheversprechen unter der Bedingung, frei zu sein, falls der Ritter Belfiore innerhalb einer Stunde erscheine. Der Cavaliere schafft Abhilfe, indem er eine dringend notwendige Abreise vorschützt, wozu er den Grafen mitnehmen muss, ohne dass zuvor dessen Heirat stattfinden kann. Im Durcheinander trifft ein Brief des echten Königs ein, der nicht mehr auf Belfiores Dienste angewiesen ist und ihn als Dank zum Marschall ernennt. Belfiore ordnet die Hochzeit von Edoardo und Giulietta an und reicht der Marchesa seine Hand.

Aufgrund des Erfolgs seiner ersten Oper *Oberto* hatte der Direktor der Mailänder Scala, Bartolomeo Merelli, drei weitere Opern bei Verdi in Auftrag gegeben. Nachdem er dem Komponisten zunächst das Textbuch für eine ernste Oper geschickt hatte, Gaetano Rossis später von Otto Nicolai vertonten *Il proscritto* (1841), das dem Komponisten missfiel, änderte er seine Meinung und beauftragte Verdi mit der Komposition einer komischen Oper. Unter den diversen Texten Felice Romanis, die ihm vorgeschlagen wurden, griff Verdi zu *Il finto Stanislao* (»das am wenigsten schlechte«), einem Libretto das bereits von Adalbert Gyrowetz vertont worden war und 1818 an der Scala elf Aufführungen erlebt hatte. Bereits 1812 war im Teatro San Moisè in Venedig eine Oper Giuseppe Moscas gleichen Inhalts gespielt worden.

Stanislaus I., Stanislaus Lesczynski (1677–1766) wurde 1704 zum König von Polen gekrönt. 1709 riss Friedrich August von Sachsen die polnische Krone an sich, worauf Stanislaus nach Frankreich floh und dort seine Tochter Marie mit dem französischen König Ludwig XV. verheiratete. Nach dem Tod Friedrich Augusts 1733 gewann Stanislaus, mit Unterstützung der Franzosen, seinen Thron zurück. Allerdings wurde er 1736 erneut von den Sachsen besiegt und kehrte daraufhin als Herzog von Lothringen und Bar endgültig nach Frankreich zurück. 1733 begab er sich tatsächlich verkleidet nach Polen und der junge Offizier Beaufleur spielte in Frankreich seine Rolle weiter. Der Hintergrund der Oper beruht also auf historischen Tatsachen.

Die Oper entstand in einer für Verdi äußerst deprimierenden Phase seines Lebens. 1838 war seine Tochter Virginia gestorben, im Jahr darauf sein Sohn Icilio und im Juni 1840 seine Frau Margherita. Dem Komponisten war also kaum nach einer Komödie zu Mute. Die Uraufführung von *Un giorno di regno* war ein derartiges Fiasko, dass nur eine der fünf vorgesehenen Aufführungen stattfand. Doch Merelli hielt Verdi die Treue und regte ihn anschließend zu *Nabucco* an, der Verdis Ruhm begründete.

Trotz des eklatanten Misserfolgs erlebte Verdis erste komische Oper, der erst ein Menschenalter später der heitere *Falstaff* folgen sollte, einige Reprisen und machte in Venedig sogar Furore. Auch wenn der Text von Gyrowetz' Oper logischer ist, wird man die Schuld am Misserfolg nicht einzig Romani zuschieben können. Im Vergleich mit den komischen Opern seiner Zeit macht dieser *König für einen Tag* auch keine gar so schlechte Figur. Verdi hat sich hierbei völlig den Konventionen der Buffo-Oper ausgeliefert. Obwohl man spürt, wie unfrei er sich darin fühlt und wie eingezwängt er durch diese Muster wurde, handhabt er sie doch mit sicherem Gespür, wirkt die Musik über weiteste Strecken frisch und inspiriert, so dass sie durchaus als Meisterwerk eines minderen Komponisten durchgehen könnte. Verdis Zeitgenossen äußerten sich abfällig über die Anklänge an Rossini in der an *Guillaume Tell* erinnernden Ouvertüre oder die vielfachen Donizetti-Reminiszenzen – nicht zuletzt im Duett der beiden Bässe Baron/Schatzmeister im 1. Akt (*Tesoriere garbatissimo / Hochverehrter Schatzmeister*) wie in ihrem Duell-Duett im 2. Akt. Doch in der Musik finden sich neben Rückgriffen – Edoardos *Proverò che degno io sono / Ich werde zeigen, dass ich der Gnade* lässt an den Nemorino in Donizettis *L'elisir d'amore* denken – auch Vorahnungen späterer Werke: *See dee la vedova / Wenn die Witwe schon fallen muss* in der Cavatina der Marchesa nimmt Oscars *Di che fulgor* vorweg, die Stretta im Duett Edoardo/Cavaliere erinnert an das Freundschaftsduett im *Don Carlos*.

Anlässlich des 50. Todestages von Verdi nahm der italienische Rundfunk 1951 auch einige der unbekannten Werke auf, darunter als *Il finto Stanislao* auch Verdis zweite Oper (u. a. mit Lina Pagliughi, Renato Capecchi, Sesto Bruscantini). Zu Aufführungen kam es u. a. 1964 in Parma, 1974 in Bregenz, 1985 in Verona (Inszenierung: Sylvano Bussotti; mit Enzo Dara und Alessandro Corbelli); 1995 folgten deutschsprachige Produktionen an der Wiener Volksoper (dt. von Ludwig Hinterschweiger) und in Kaiserslautern (dt. von Ulrich Peters).

CD-Empfehlung

Lamberto Gardelli; Fiorenza Cossotto, Jessye Norman, Ingvar Wixell, Wladimiro Ganzarolli, José Carreras; Royal Philharmonic Orchestra
Philips 1974 (2 CD)

Nabucco

Dramma lirico in 4 Teilen. Text von Temistocle Solera nach dem Drama *Nabucodonosor* (1836) von Auguste Anicet-Bourgeois und Francis Cornue und dem gleichnamigen Ballett (1838) von Antonio Cortesi. Uraufführung am 9. März 1842 in Mailand, Teatro alla Scala.

PERSONEN: Nabucco/Nebukadnezar, König von Babylon (Bariton) – Ismaele, Neffe des Königs Zedekia von Jerusalem (Tenor) – Zaccaria, Hoherpriester der Hebräer (Bass) – Abigaille, Sklavin, vermeintliche erstgeborene Tochter Nabuccos (Sopran) – Fenena, Tochter Nabuccos (Mezzosopran) – Oberpriester des Baal (Bass) – Abdallo, alter Offizier des Königs von Babylon (Tenor) – Anna, Zaccarias Schwester (Sopran) – Babylonische und hebräische Soldaten, Leviten, jüdische Jungfrauen, babylonische Frauen, Magier, Hebräer, Babylonier, Priester u. a.

ORT UND ZEIT: Jerusalem und Babylon, um 586 v. Chr.

SPIELDAUER: ca. 2½ Stunden (1. Teil: ca. 45 min.; 2. Teil: ca. 30 min.; 3. Teil: ca. 27 min.; 4. Teil: ca. 25 min.).

1. Teil. *Jerusalem*. Im Tempel Salomos in Jerusalem beten die Hebräer um Schutz vor den nahenden Babyloniern. Zaccaria baut auf die Hilfe Gottes. Er zeigt dem jüdischen Volk Fenena, die Tochter Nabuccos, die ihnen als Geisel dienen soll. Dafür gibt er sie in die Obhut Ismaeles. Beide lieben sich, seit Fenena Ismaele aus dem Gefängnis in Babylon befreit hat, und wollen gemeinsam fliehen. Abigaille, der es gelang, in den Tempel einzudringen und das Paar gefangen zu nehmen, ist ebenfalls in Ismaele verliebt. Für seine Liebe wäre sie bereit, ihm die Freiheit zu schenken,

---

Nabucco – Susan Neves als Abigaille, Alexandru Agache als Nabucco; Inszenierung von Hans Neuenfels an der Deutschen Oper Berlin (2000)

Foto: kranichphoto, Berlin

doch Ismaele zieht es vor, das Los seines Volkes zu teilen. Mit dem Hinweis auf die gefangene, vom Tod bedrohte Fenena kann Zaccaria den siegreich in die Stadt eingedrungenen Nabucco von der Plünderung des Tempels abhalten. Ismaele aber lässt Fenena frei, worauf die Babylonier den Tempel in Brand stecken und die Hebräer Ismaele verfluchen.

2. Teil. *Der Frevler.* Aus einem Dokument entnimmt Abigaille, dass sie nicht die Tochter Nabuccos und rechtmäßige Thronerbin, sondern eine einfache Sklavin ist. Ihr Rachedurst und ihr Machtstreben sind grenzenlos, zumal Fenena zur Thronfolgerin bestimmt wurde (*Ben io t'invenni... Anch'io dischiuso un giorno / Schlecht hat der König... Oft träumt ich in süßem Schlummer*). In Abwesenheit Nabuccos trägt der Oberpriester, entrüstet über Fenenas Sympathie für die Hebräer, Abigaille die Macht an. Im gleichen Augenblick kommt die Nachricht, Nabucco sei gefallen. – Als Abigaille der inzwischen zum Judentum konvertierten Fenena die Krone aus den Händen reißen will, erscheint Nabucco. Er verhöhnt alle Götter der Babylonier und Hebräer und ruft sich selbst zum Gott aus. Ein Blitzstrahl schleudert ihm die Krone vom Kopf und schlägt ihn mit Wahnsinn. Abigaille reißt die Krone an sich.

3. Teil. *Die Prophezeiung.* Abigaille bringt den geistig verwirrten Nabucco dazu, das Todesurteil für die Hebräer und damit auch für Fenena zu unterschreiben (*Oh, di qual'onta aggravasi / Nabucco ist nun entehrt*); triumphierend zerreißt sie dann das Dokument, das ihre Herkunft verrät. – Am Ufer des Euphrat beklagen die gefangenen Hebräer ihr Schicksal (Chor *Va, pensiero, sull'ali dorate / Flieg, Gedanke, auf goldenen Flügeln*), aber Zaccaria macht ihnen Mut, indem er das Ende Babylons prophezeit.

4. Teil. *Das zerstörte Götzenbild.* Als Nabucco, im Palast gefangen gehalten, sieht, wie seine Tochter zum Schafott geführt wird, bittet er den Gott der Hebräer um Vergebung und Beistand. Mit dem treuen Abdallo und dessen Truppe

eilt er, Fenena und die Hebräer zu befreien. Im letzten Moment kann er sie tatsächlich vor dem Tod retten. Das Bildnis Baals stürzt zu Boden und Abigaille, die sich selbst Gift gab, fleht um Verzeihung. So offenbart sich die Macht Jehovas, des Königs der Könige.

Mit *Nabucodonosor* oder kurz *Nabucco*, wie die Oper seit einer Aufführung 1844 in Korfu heißt, begann, wie er später selbst eingestand, Verdis Karriere als Opernkomponist. Für Generationen von Opernkennern außerhalb Italiens, wo sich die Oper nur schwer im Repertoire hielt, ist Verdis dritte Oper identisch mit einem der berühmtesten, vielleicht dem berühmtesten aller Opernchöre, dem Chor der gefangenen Hebräer am Ufer des Euphrat, dessen Verse »Va, pensiero, sull'ali dorate« (›Zieht, Gedanken, auf goldenen Flügeln‹) als »Modell von Befreiung überhaupt« (Dieter Schnebel) bald Volksgut wurden.

Zugleich schlug Verdi mit dem *Nabucco* einen ganz eigenen, sofort identifizierbaren Ton an, der auch seine weiteren, bis Ende der 40er-Jahre entstandenen Opern bestimmt und geprägt ist von mitreißenden Kavatinen, prägnanten Ensembles, emblematischen Chorpassagen, feurigen, kurzen Sequenzen und einem geradezu wilden, leidenschaftlichen Duktus. Einzig die Ouvertüre geht über eine simple Aneinanderreihung von Melodien der Oper nicht hinaus. Nach der ersten Aufführung wurde Abigailles Sterbeszene gestrichen und die Oper endete mit dem Chor *Immenso Jehova / Großer Jehova*.

Um die Entstehung des *Nabucco* ranken sich mancherlei Legenden. Tatsächlich waren Verdis private Lebensumstände – fast 40 Jahre später berichtete er, dass er damals keine Note mehr schreiben wollte – zutiefst deprimierend: zwischen 1838 und 1840 waren seine beiden Kinder sowie seine Gattin Margherita gestorben; die komische Oper *Un giorno di regno* war ein Misserfolg. Aus dieser Krise half ihm der Scala-Impresario Bartolomeo Merelli, der ihm, im treuen Glauben an seinen Erfolg, Temistocle Soleras *Nabucco*-Text gab, den Otto Nicolai zu komponieren abgelehnt hatte (»ein ewiges Wüten, Blutvergießen, Schimpfen, Schlagen und Morden«). Verdi aber war sofort Feuer und Flamme.

Solera griff auf ein französisches Stück von Auguste Anicet-Bourgeois zurück (Paris 1836), das die Eroberung Jerusalems durch den Babylonierkönig Nebukadnezar sowie die Gefangenschaft des jüdischen Volkes beschreibt. Konflikte, psychologische Zwangslagen werden weder von Solera noch von Verdi vertieft, die Handlung ergibt sich vielmehr aus einer Reihung von gegensätzlichen, auf dramatische Wirkung abzielenden Situationen und aufgepeitschten Emotionen.

Die Geschichte Nebukadnezars findet sich im Alten Testament im Buch Daniel und in den Kapiteln 24 und 25 im 2. Buch der Könige. Der historische Nebukadnezar regierte 605–562 v. Chr. als Nachfolger seines Vaters Nabopolassar in Babylon. 598 gelang es ihm, Jerusalem dem babylonischen Herrschaftsbereich einzuverleiben. Als sich der neue König von Juda 589 neuerlich gegen Babylon erhob, wurde die Stadt 587 eingeäschert und die Bevölkerung verschleppt.

Jedem der vier Akte, die einen Untertitel tragen, haben die Autoren ein Motto nach dem Propheten Jeremia vorangestellt. 1. Akt, *Jerusalem*, »So spricht der Herr: Siehe, ich gebe diese Stadt in die Hand Nebukadnezars, des Königs zu Babel, und er wird sie mit Feuer anstecken und verbrennen«; 2. Akt, *Der Frevler*, »Siehe, ein schreckliches Ungewitter des Herrn wird kommen und den Gottlosen auf den Kopf fallen«; 3. Akt, *Die Prophezeiung*, »Es sollen Wüstentiere in Babylon ihre Wohnung haben und mit Eulen und Wiedehopfen wohnen«; 4. Akt, *Das zerbrochene Götzenbild*, »Baal steht mit Schaden: seine Götzenbilder sind zerschmettert«.

Die von Verdis späterer Frau Giuseppina Strepponi kreierte Partie der Abigaille wurde nach dem Zweiten Weltkrieg u. a. von Maria Callas, Anita Cerquetti, Renata Scotto, Ghena Dimitrova (u. a. 1986 unter Riccardo Muti in Mailand) und Julia Varady (z. B. 1990 in einer Inszenierung Pet Halmens in München) gesungen, die Titelpartie war eine Paraderolle von Piero Cappuccilli und vor allem Renato Bruson, den Zaccaria interpretierten u. a. Cesare Siepi, Nicolai Ghiaurov, Kurt Rydl, Ferruccio Furlanetto. Die 1843 in Wien erstmals in deutscher Sprache aufgeführte Oper erlebte in den Nachkriegsjahren zahlreiche Produktionen in Deutschland (1939 hatte Julius Kapp die Handlung zum Kampf der Assyrer gegen die Ägypter umgebogen); erlebnishaften Charakter besitzen die Aufführungen in der Arena von Verona. Bei den Bregenzer Festspielen identifizierte David Poutney 1993 die Hebräer mit den Opfern des Nationalsozialismus. 2000 brachte Hans Neuenfels eine sehr umstrittene Inszenierung auf die Bühne der Deutschen Oper Berlin (vgl. Abb. S. 31).

CD-Empfehlungen

Lamberto Gardelli; Tito Gobbi, Elena Souliotis; Orchester der Wiener Staatsoper
Decca 1965 (2 CD)

Riccardo Muti; Matteo Manuguerra, Renata Scotto; Philharmonia Orchestra
EMI 1977

Giuseppe Sinopoli; Piero Cappuccilli, Ghena Dimitrova; Orchester der Deutschen Oper Berlin
Deutsche Grammophon 1982 (2 CD)

I Lombardi alla prima crociata
Die Lombarden auf dem ersten Kreuzzug

Dramma lirico in 4 Akten. Text von Temistocle Solera nach dem gleichnamigen Epos (1826) von Tommaso Grossi. Uraufführung am 11. Februar 1843 in Mailand, Teatro alla Scala.

PERSONEN: Arvino, Sohn des Folco, Herrn von Rò (Tenor) – Pagano, sein Bruder (Bass) – Viclinda, Arvinos Gattin (Sopran) – Giselda, ihre Tochter (Sopran) – Pirro, Arvinos Waffenknecht (Bass) – Prior von Mailand (Tenor) – Acciano, Tyrann von Antiochia (Bass) – Oronte, sein Sohn (Tenor) – Sofia, Frau des Acciano, heimlich zum Christentum bekehrt (Sopran) – Nonnen, Priore, Mörder, Soldaten im Palast Folcos, Botschafter aus Persien, Medien, Damaskus und Chaldäa, Kreuzfahrer, Pilger, Lombardinnen, Haremsfrauen, himmlische Jungfrauen u. a.

ORT UND ZEIT: Mailand, Antiochia und in der Nähe von Jerusalem, um 1096/97.

SPIELDAUER: ca. 2¼ Stunden (1. Akt: ca. 40 min.; 2. Akt: ca. 35 min.; 3. Akt: ca. 30 min.; 4. Akt: ca. 30 min.).

1. Akt. *Die Rache.* Im Streit um Viclindas Hand entzweiten sich einst Arvino und Pagano. Pagano, der seinem Bruder nach dem Leben trachtete, wurde verbannt, kehrte später voll Reue nach Mailand zurück und erhielt die Vergebung seines Bruders. Während Arvino, der inzwischen lange mit Viclinda vermählt ist, zum Anführer der Lombarden im Kreuzzug gegen Jerusalem gewählt wird, versucht Pagano erneut, Viclinda zu verführen und seinen Bruder zu töten. Doch in dem Feuer, welches er legt, um Arvino zu töten, kommt nicht sein Bruder um, sondern ihr Vater Folco. Pagano wird zum zweiten Mal verbannt.

2. Akt. *Der Mann in der Grotte.* Acciano, der Sultan von Antiochia, hat Giselda, Arvinos Tochter, in seine Gewalt gebracht. Accianos Sohn Oronte liebt Giselda und wird von seiner heimlich zum Christentum übergetretenen Mutter in

dieser Liebe bestärkt. In der Nähe der Stadt lebt Pagano als Eremit. Er bewegt Pirro dazu, den Christen die Tore der Stadt zu öffnen. Arvino findet dort seine Tochter, die ihn für den Mörder ihres im Aufruhr verschollenen Geliebten Oronte hält.

3. Akt. *Die Bekehrung.* Oronte schleicht sich ins Lager der Kreuzfahrer, um Giselda mit sich zu nehmen. Doch Arvino verfolgt die Fliehenden und verwundet Oronte tödlich. Die Liebenden schleppen sich in die Höhle Paganos, der den sterbenden Oronte tauft.

4. Akt. *Das heilige Grab.* Im Schlaf erscheint Giselda Oronte, der den Kriegern Kraft durch das Wasser der Quelle Siloè verheißt. Die Kreuzfahrer erobern Jerusalem. Pagano versöhnt Giselda mit ihrem Vater und erlangt sterbend die Verzeihung Arvinos, dem er sich jetzt als sein Bruder zu erkennen gibt.

Mit *I Lombardi* nach Grossis seinerzeit berühmten Epos wiederholte Verdi seinen *Nabucco*-Triumph. Trotz des wirren Librettos vermochte sich Verdis Phantasie an den von Solera gehäuft eingesetzten Effekten entzünden. Mit dem Chor des letzten Akts *O Signor, dal tetto natio / O Herr, du hast uns gerufen* gelang es Verdi erneut, den leidenschaftlichen Empfindungen der unter der österreichischen Herrschaft leidenden lombardischen Patrioten Ausdruck zu verleihen. Unter den Solonummern der musikalisch uneinheitlich geratenen Oper ragen im 2. Akt Orontes Kavatine *La mia letizia infondere / Könnte ich doch meine Freude* und Giseldas Cabaletta *No! No! Giusta causa / Nein, nein! Es ist nicht Gottes gerechter Wille* sowie das Tauf-Terzett im 3. Akt *Qui posa il fianco / Ruhe dich hier aus* hervor. Erstmals verwendete Verdi anstelle einer Ouvertüre ein knappes Vorspiel. Verdi mochte aber gespürt haben, dass *I Lombardi* trotz Kraft und melodischer Fülle mit der Zeit an Wirkung einbüßten und arbeitete sie 1847, da er nicht genügend Zeit fand, als Auftrag für die Pariser Opéra eine neue Oper zu schreiben, zur französischen Grand opéra unter dem Titel *Jérusalem* um. Für *Jérusalem* entstand auch Verdis erste, mehr als 20-minütige Ballettkomposition.

I Lombardi fiel nach anfänglichem Erfolg (dt. Erstaufführung 1845 in Berlin) rasch in Vergessenheit. Nachdem Renata Scotto und Luciano Pavarotti 1969 in Rom *I Lombardi* erneut zur Diskussion gestellt hatten (unter Gianandrea Gavazzeni) erlebte die Oper zahlreiche Aufführungen, u. a. 1976 am Londoner Covent Garden Opera House (mit Sylvia Sass und José Carreras), 1984 in Mailand am Ort ihrer Uraufführung (mit Ghena Dimitrova und Carreras; Dirigent: Gianandrea Gavazzeni) sowie in der Arena von Verona (mit Katia Ricciarelli, Luchetti, Ruggero Raimondi), 1993 an der Metropolitan Opera (mit Aprile Millo und Pavarotti), 1994 in Bologna (mit Luciana Serra und Vincenzo La Scola) sowie 1999 in Zürich.

CD-Empfehlungen

Gianandrea Gavazzeni; Ruggero Raimondi, Renata Scotto, Luciano Pavarotti; Orchestra del Teatro dell'Opera Roma (20. November 1969; Rom; live)

Lamberto Gardelli; Ruggero Raimondi, Cristina Deutekom, Placido Domingo; Royal Philharmonia Orchestra
Philips 1972 (2 CD)

James Levine; Samuel Ramey, June Anderson, Luciano Pavarotti; Metropolitan Opera Orchestra
Decca 1997 (2 CD)

Jérusalem
Jerusalem

Opéra in 4 Akten. Text von Alphonse Royer und Gustave Vaëz nach *I Lombardi alla prima crociata* (1843). Uraufführung am 22. November 1847 in Paris, Académie Royale de Musique (Salle de la rue Le Peletier).

PERSONEN: Gaston, Vicomte de Béarne (Tenor) – Der Graf von Toulouse (Bariton) – Roger, Bruder des Grafen (Bass) – Adhemar de Montheil, päpstlicher Gesandter (Bass) – Raymond, Gastons Knappe (Tenor) – Ein Soldat (Bass) – Ein Herold (Bass) – Der Emir von Ramla (Bass) – Ein Offizier des Emirs (Tenor) – Hélène, Tochter des Grafen (Sopran) – Isaure, ihre Begleiterin (Sopran) – Ritter, Damen, Soldaten, Pilger, arabische Scheichs, Haremsdamen, Bevölkerung von Ramla.

ORT UND ZEIT: Toulouse und Palästina, 1095–1099.

SPIELDAUER: ca. 2½ Stunden (1. Akt: ca. 40 min.; 2. Akt: ca. 40 min.; 3. Akt: ca. 25 min., 4. Akt: ca. 35 min.).

Alphonse Royer und Gustave Vaëz (d. i. Jean Nicolas Gustave van Nieuwenhuyzen) unterzogen das Libretto von *I Lombardi* einer Umarbeitung, die Personen und Handlung glaubwürdiger werden ließ. In dieser Einrichtung wurden die aus Mailand stammenden Lombarden zu französischen Kreuzfahrern aus Toulouse.

Die ebenfalls in den letzten Jahren des 11. Jahrhunderts in Frankreich und Palästina spielende Handlung ist deutlich gestrafft: Vor dem Kreuzzug vermählt der Graf von Toulouse seine Tochter Hélène mit Gaston, Vicomte von Béarn. Nachdem einst Gastons Vater durch den Grafen getötet wurde, besiegelt diese Heirat die Versöhnung beider Männer. Roger, der Bruder des Grafen, ist ebenfalls in Hélène verliebt und veranlasst die Ermordung des Rivalen. Der Anschlag misslingt, und statt Gaston wird der Graf verletzt. Roger schiebt die Schuld auf Gaston, worauf dieser in die Verbannung fliehen muss. – Roger zieht sich als Einsiedler nach Palästina zurück. Vier Jahre später hat er seine Tat längst bereut. Hélène begleitet ihren Vater auf dem Kreuzzug. Sie trifft Gaston. Beide versichern sich erneut ihrer Liebe, doch trotz ihrer Bitten wird Gaston wegen des vermeintlichen Anschlags auf den Grafen zum Tode verurteilt. Die Hinrichtung soll am folgenden Tag vollstreckt werden. – Der unerkannte Roger rettet Gaston, woraufhin dieser an der Schlacht um Jerusalem teilnimmt. Die Stadt wird erobert. Der tödlich verwundete Eremit gibt sich als Roger zu erkennen und erlangt die Vergebung seines Bruders.

Die italienische Fassung (in der Übersetzung von Calisto Bassi als *Gerusalemme*) erlebte ihre Erstaufführung am 26. Dezember 1850 an der Mailänder Scala. In Deutschland wurde das Werk unter dem Titel *Jerusalem* (dt. von Joseph von Seyfried) bereits am 10. Juli 1849 in Hamburg aufgeführt. Erhalten blieb aus *I Lombardi* die berühmte Tenorarie des Oronte (*La mia letizia infondere / Könnte ich doch meine Freude*), die zu Gastons Arie im 2. Akt wird (*Je veux entendre ta voix / Ich möchte deine Stimme hören*), Giseldas *Salve Maria* ist in Hélènes *Vierge Marie* zu erkennen. Neu komponierte Verdi u. a. das Vorspiel zum 1. Akt, das Duett für die beiden Bässe zu Beginn des 2. Akts, die Ballettmusik sowie eine ausgedehnte Schlachtszene mit einer Tenorarie für den 2. Teil des 3. Akts.

In unserer Zeit erlebte die Oper Wiederaufnahmen 1963 in Venedig (in ital. Sprache) und 1975 in Turin (RAI, in frz. Sprache) – beide Male unter Gianandrea Gavazzeni – sowie 1984, erstmals nach der Uraufführung, an der Pariser Opéra (mit Cecilia Gasdia, Veriano Luchetti, Silvano Carroli); außerdem 1985 in Parma (mit Katia Ricciarelli, Luchetti, Cesare Siepi), 1990 an der Opera North in Leeds, 1995 in Turin und Wien (Zubin Mehta; Regie Robert Carsen, mit José Carreras, Eliane Coelho, Samuel Ramey). *Jérusalem* bleibt, vor allem in der französischen Originalfassung, dennoch eine Rarität der Spielpläne.

CD-Empfehlungen

Gianandrea Gavazzeni; Siegmund Nimsgern, Katia Ricciarelli, José Carreras; Orchester der RAI Turin (20. Dezember 1975; live; in frz. Sprache)

Gianandrea Gavazzeni; Giangiacomo Guelfi, Leyla Gencer, Giacomo Aragall; Orchestra del Teatro La Fenice (24. September 1963; live; in ital. Sprache)

Ernani

Dramma lirico in 4 Teilen. Text von Francesco Maria Piave nach dem Schauspiel *Hernani ou l'honneur castilien* (1830) von Victor Hugo. Uraufführung am 9. März 1844 in Venedig, Teatro La Fenice.

PERSONEN: Ernani, Bandit, eigentlich Herzog Juan von Aragon (Tenor) – Don Carlo, König von Spanien (Bariton) – Don Ruy Gomez de Silva, spanischer Grande (Bass) – Elvira, seine Nichte und Verlobte (Sopran) – Giovanna, ihre Amme (Sopran) – Don Riccardo, Waffenträger des Königs (Tenor) – Jago, Waffenträger Don Ruys (Bass) – Rebellen und Banditen aus den Bergen, Gefolgsleute Silvas, Dienerinnen Elviras, Gefolge des Königs, deutsche Kurfürsten und Mitglieder der »Heiligen Allianz«, spanische und deutsche Adelige u.a.

ORT UND ZEIT: Aragon, Aachen und Saragossa, 1519.

SPIELDAUER: ca. 2¼ Stunden (1. Teil: ca. 50 min., 2. Teil: ca. 35 min., 3. Teil: ca. 25 min., 4. Teil: ca. 25 min.).

1. Teil. *Der Rebell.* Ernani, dessen Vater sich gegen den König erhoben hatte und deshalb hingerichtet worden ist, lebt als Rebell in der Verbannung. Durch die Entführung seiner Geliebten Elvira will er deren Hochzeit mit dem alten Silva zuvorkommen (*Mercé, diletti amici ... Come rugiada al cespite / Habt Dank, liebe Freunde ... So wie der Tau*). – Auf dem Schloss Silvas wartet Elvira auf Ernani (*Ernani involami / Ernani! Ernani, entführe mich*). Don Carlo dringt in Elviras Zimmer und bittet sie, seine Frau zu werden. Zugleich erscheint Ernani, um Rache für den Tod seines Vaters zu üben. Die beiden Rivalen werden von Silva gestellt, der Genugtuung verlangt. Nachdem Don Carlo von Riccardo als König angesprochen und so erkannt wird, gibt er vor, Silva lediglich wegen eines Rats zur bevorstehenden Kaiserwahl aufgesucht zu haben. Silva gewährt dem König Quartier. Der König verhilft Ernani zur Flucht. Dennoch schwört Ernani, seinen Vater zu rächen.

2. Teil. *Der Gast.* Auf einem Fest anlässlich seiner bevorstehenden Hochzeit mit Elvira lässt Silva den verfolgten Ernani in den Genuss seines Gastrechts kommen. Und obwohl er Elvira und Ernani in eindeutiger Situation überrascht, beharrt er selbst gegenüber dem König auf dem Gebot der Gastfreundschaft und liefert ihm Ernani nicht aus. Worauf Don Carlo statt Ernani Elvira als Geisel mitnimmt. Silva fordert Ernani zum Duell. Doch dieser verrät Silva, dass der König ihr Rivale um die Liebe Elviras ist. Er bittet darum, Elvira befreien zu dürfen und verpfändet dafür Silva sein Leben, indem er ihm ein Horn überreicht mit dem Versprechen, sich zu töten, sobald Silva dies wünsche und durch ein Hornsignal anzeige. Gemeinsam verfolgen sie den König.

3. Teil. *Die Milde.* Im Dom zu Aachen haben sich die Verschwörer gegen die Wahl von König Carlo zum Kaiser versammelt. Unter ihnen Silva und Ernani. Das Los, ihn zu ermorden, fällt auf Ernani. Vergeblich bittet ihn Silva, ihm die Tat zu überlassen. Zum Kaiser gewählt, lässt Don Carlo die Verschwörer verhaften. Ernani gibt sich als Herzog Don Juan von Aragon zu erkennen. Gemeinsam mit den übrigen Verschwörern begnadigt ihn der Kaiser und führt ihn großmütig mit Elvira zusammen. Silva aber bleibt voll Rachelust.

4. Teil. *Die Maske.* In seinem Palast feiert Ernani die Hochzeit mit Elvira. Da ertönt ein Hornsignal: Trotz Elviras Flehen verlangt Silva unerbittlich die Einlösung von Ernanis Schwur. Ernani gehorcht, er erdolcht sich. Elvira bricht über seiner Leiche zusammen.

Mit dem ersten Auftrag für Venedigs Opernhaus La Fenice, von dessen Honorar er sich anschließend sein Anwesen in Busseto kaufen konnte, begann ein langes Suchen nach einem geeigneten Stoff, wie es für Verdi künftig typisch bleiben sollte. Schließlich fiel die Wahl auf Victor Hugos *Hernani*, den Piave als Opernbuch einrichtete. Der

Stoff – die Liebe dreier Männer zu einer Frau, verbunden mit der historischen Konstellation der Kaiserwahl Karls V., des Enkels Maximilians I. und Amtsrivalen des Königs Franz von Frankreich im Jahr 1519 – entsprach dem romantischen Ideal der Zeit, und der Titelheld verkörperte Verdis eigene idealistische Vorstellungen.

Gegenüber *Nabucco* besticht *Ernani* durch die Verfeinerung der musikalischen Mittel. Hervorzuheben sind neben den bravourösen Soloarien – z. B. in der 1. Szene Ernanis *Come rugiada / Wie der Tau auf der Blüte*, Elviras Kavatine im 2. Bild *Ernani! Ernani, involami / Ernani! Ernani, entführe mich*, Silvas markante Arie *Infelice! / Unglücklicher* sowie im 3. Teil Carlos' *Oh, de' verd'anni miei / Oh, ihr Träume* – das Concertato am Ende des 1. Teils, das sich aus der Stretta des vorausgegangenen Terzetts entwickelt, sowie die Verschwörungsszene im 3. Teil. Übertroffen werden diese Nummern durch die Anlage des 4. Teils, der drei musikalische Elemente in dramatischer Dichte (mit dem berührenden abschließenden Terzett *Ferma, crudele, estinguere / Halt ein, Grausamer, warum?*) auf eine Weise verschmilzt, wie es Verdi in gleicher Konsequenz erst in den Werken der Meisterschaft wieder gelingen sollte.

Ernani ist in Italien und in den USA nie von den Spielplänen verschwunden. An der New Yorker Metropolitan Opera sangen z. B. 1956 Zinka Milanov, Mario del Monaco und Cesare Siepi, 1962 Leontyne Price, Carlo Bergonzi und Giorgio Tozzi, 1965 Price, Franco Corelli und Siepi, 1984 Leona Mitchell, Luciano Pavarotti, Sherill Milnes und Ruggero Raimondi (unter James Levine). An der Mailänder Scala hörte man 1968 Montserrat Caballé, Bruno Prevedi und Boris Christoff, 1969 Raina Kabaiwanska, Placido Domingo und Nicolai Ghiaurov, 1983 Mirella Freni, Placido Domingo, Renato Bruson und Ghiaurov (unter Riccardo Muti). Weitere Wiederaufnahmen u. a. 1987 in Bregenz, 1989 in Rom, 1990 in Venedig. Die deutschsprachige Erstaufführung erfolgte 1846 in Budapest (dt. von Joseph von

Seyfried); eine entstellende deutsche Bearbeitung, die mit dem 3. Akt endete, schuf 1934 Julius Kapp. Auf Hugos *Hernani* basieren auch Opern von Vincenzo Gabussi (1834) und Alberto Mazzucato (1843).

CD-Empfehlungen

Dmitri Mitropoulos; Mario del Monaco, Zinka Milanov, Leonard Warren; Metropolitan Opera Orchestra (29. Dezember 1956; live)

Thomas Schippers; Carlo Bergonzi, Leontyne Price, Mario Sereni; RCA Italiana Opera Orchestra
RCA 1967 (2 CD)

Lamberto Gardelli; Giorgio Lamberti, Sylvia Sass, Lajos Miller; Hungarian State Opera Orchestra
Philips 1982 (2 CD)

Riccardo Muti; Placido Domingo, Mirella Freni, Renato Bruson; Orchestra del Teatro alla Scala Milano (Dezember 1982)
EMI 1983

Richard Bonynge; Luciano Pavarotti, Joan Sutherland, Leo Nucci; Orchestra of Welsh National Opera
Decca 1998 (2 CD)

I due Foscari
Die beiden Foscari

Tragedia lirica in 3 Akten. Text von Francesco Maria Piave nach dem Schauspiel *The Two Foscari* (1821) von Lord Byron. Uraufführung am 3. November 1844 in Rom, Teatro Argentina.

PERSONEN: Francesco Foscari, achtzigjähriger Doge von Venedig (Bariton) – Jacopo Foscari, sein Sohn (Tenor) – Lucrezia Contarini, Jacopos Frau (Sopran) – Jacopo Loredano, Mitglied des Rats der Zehn (Bass) – Barbarigo, Senator, Mitglied der Junta (Tenor) – Pisana, Freundin und Vertraute Lucrezias (Mezzosopran) – Diener des Rats der Zehn (Tenor) – Diener des Dogen (Bass) – Mitglieder des Rats der Zehn und der Junta, Zofen Lucrezias, Volk, Masken, Pagen u. a.

ORT UND ZEIT: Venedig, 1457.

SPIELDAUER: ca. 1¾ Stunden (1. Akt: 45 min.; 2. Akt: 40 min.; 3. Akt: 30 min.).

1. Akt. Vor dem Rat der Zehn wird eine Verhandlung gegen den aus der Verbannung geholten Sohn des Dogen geführt: Loredano und Barbarigo beschuldigen Jacopo Foscari des Mordes an einem Feind seiner Familie. Jacopo beteuert seine Unschuld und erklärt, Opfer einer Intrige zu sein. Lucrezia bittet ihren Schwiegervater um Vermittlung und Hilfe, doch der Doge ist machtlos.

2. Akt. Dem im Gefängnis von Fieberphantasien geschüttelten Jacopo versucht Lucrezia Trost zuzusprechen. Auch Francesco Foscari kommt, um Jacopo seiner Liebe zu versichern. Ihm folgt Loredano, der über die Niederlage seines Feindes triumphiert und ihn zur Urteilsverkündigung vor den Rat der Zehn führen lässt. – Mit ihren Söhnen fleht Lucrezia die Senatoren vergeblich an, Milde walten zu lassen. Jacopo, voll Todesahnungen, wird erneut nach Kreta in die Verbannung geschickt.

3. Akt. Inmitten des fröhlichen Treibens während einer Regatta nimmt Jacopo Abschied von seiner Frau. – Im Dogenpalast trauert Francesco über den Verlust seines Sohnes. Da überbringt ihm Barbarigo einen Brief, der eindeutig die Unschuld Jacopos beweist. Zu spät: Lucrezia muss dem Dogen sagen, dass sein Sohn, ihr Gatte, auf dem Schiff gestorben ist. Zu allem Schmerz dringen nun die Senatoren, an ihrer Spitze Loredano, darauf, dass Francesco von seinem Amt zurücktritt. Sie entmachten ihn schließlich gegen seinen Widerstand. Lucrezia führt den gebrochenen Mann weg. Als die Glocken die Wahl seines Nachfolgers verkünden, stirbt der Doge. – Loredano hat den Machtkampf gegen die Foscari gewonnen.

Da der Impresario des Teatro Argentina in Rom auf eine neue Verdi-Oper drängte, griff der Komponist zu Byrons Versdrama *The Two Foscari*, das er ursprünglich für Venedig vorgesehen hatte, wo das Sujet allerdings auf empörte Ablehnung gestoßen war. Dem düsteren Vorfall aus dem Venedig des 15. Jahrhunderts fehlt es in Byrons Darstellung an »szenischer Großartigkeit« (Verdi) und Piaves Dramatisierung vermochte weder eine effektvolle Handlung noch logische Folgerichtigkeit einzubringen. Doch entspricht Verdis Musik der hier geschilderten Nachtseite des prunkvollen Venedig; sie ist von einem resignativen Gestus bestimmt und bedeutet die totale Abkehr von der patriotischen Hochstimmung der Risorgimento-Opern, wie er sie vorher und auch später noch schrieb. Psychologisch vertieft ist einzig die Figur des Dogen Foscari, eine der großen Vatergestalten Verdis und der Vorläufer eines anderen Dogen, Simon Boccanegra. Seine Monologe sind die zentralen Momente der Oper: im ersten Akt die Romanze *O vecchia cor / Ach altes Herz* und im 3. Akt die Szene und Arie *Egli ora parte! ... Oh, morto fossi allora / Jetzt geht er ... Ach, ich wäre lieber tot*. Die Kerkerszene des Jacopo stellt eine der herausragendsten Leistungen des jungen Verdi dar.

Das in der Mitte des 19. Jahrhunderts vielgespielte Werk (dt. 1856 in Weimar), in dem Donizetti Verdis Genie »wie in Blitzen« aufleuchten sah und den jungen Kollegen als »Mann der Zukunft« begrüßte, fand nach einer Aufnahme des italienischen Rundfunks im Rahmen des Verdi-Jahres 1951 erst ab 1956 wieder auf die Bühne: 1956 in Stuttgart (in einer Bearbeitung von Kurt Honolka als *Der Doge von Venedig*), 1957 in Venedig (mit Gian Giacomo Guelfi, Leyla Gencer). Ab Mitte der 60er-Jahre erwies sich in zahlreichen Inszenierungen Piero Cappuccilli als idealer Interpret des Dogen, so auch 1979 an der Mailänder Scala (mit Katia Ricciarelli); ab 1980 (Rom) trat auch Renato Bruson mehrfach als Doge auf. In Deutschland kam es 1990 in Bremerhaven (dt. von Johannes Felsenstein), 1994 in Dessau, 1995 in Ludwigshafen (Regie: August Everding) und 1997 in Freiburg zu Aufführungen dieser Oper. 1999 inszenierte Werner Düggelin das Werk in Zürich mit Leo Nucci als Doge.

CD-Empfehlungen

Carlo Maria Giulini; Gian Giacomo Guelfi, Maria Vitale, Carlo Bergonzi; Orchester der RAI Mailand (4. Dezember 1951; live)
Fonit Cetra

Tullio Serafin; Gian Giacomo Guelfi, Leyla Gencer, Mirto Picchi; Orchestra del Teatro La Fenice (31. Dezember 1957; Venedig; live)

Lamberto Gardelli; Piero Cappuccilli, Katia Ricciarelli, José Carreras; Sinfonieorchester des ORF Wien
Philips 1977 (2 CD)

Giovanna d'Arco
Die Jungfrau von Orleans

Dramma lirico in 1 Prolog und 3 Akten von Temistocle Solera frei nach Friedrich Schillers Romantischer Tragödie *Die Jungfrau von Orleans* (1801). Uraufführung am 15. Februar 1845 in Mailand, Teatro alla Scala.

PERSONEN: Carlo VII. / Karl VII. König von Frankreich (Tenor) – Giacomo/Jakob, ein Schäfer in Domrémy (Bariton) – Giovanna/Johanna, seine Tochter (Sopran) – Delil, Offizier (Tenor) – Talbot, Kommandant der englischen Armee (Bass) – Offiziere des Königs, Bewohner von Domrémy, französische und englische Soldaten, Ritter, Höflinge, Herolde, Pagen, Geister u. a.
ORT UND ZEIT: Das Dorf Domrémy in Lothringen, Reims und die Umgebung von Rouen, 1429.
SPIELDAUER: ca. 2 Stunden (Prolog: ca. 40 min.; 1. Akt: ca. 35 min.; 2. Akt: ca. 25 min.; 3. Akt: ca. 25 min.).

Prolog. Im Schloss von Domrémy erklärt Carlo, designierter König von Frankreich, dass er auf den Thron verzichten wolle: eine Vision der Madonnenstatue aus dem Wald von Domrémy habe ihm befohlen, Schwert und Helm zu ihren Füßen zu legen. Als er den angeblich von Geistern bewohnten Ort aufsucht, findet er die Schäferstochter Giovanna, die nach einem Gebet vor dem Marienbild eingeschlafen ist, erschöpft vom Streit guter und böser Geister in ihrem Innern. Giovanna erwacht und ermutigt Carlo, in den Kampf gegen die Engländer zu ziehen; sie will an seiner Seite kämpfen und ihn beschützen. Giacomo, der das Paar belauschte, glaubt, Giovanna sei von bösen Geistern besessen und verflucht seine Tochter.

1. Akt. Die Engländer sind geschlagen. Der verwirrte Giacomo bietet Talbot an, ihm das Mädchen, welches die Franzosen zum Sieg führte, auszuliefern. – Giovanna, die nach Domrémy zurückkehren möchte, wird von Carlo mit

dem Geständnis überrascht, dass er sie liebe. Indessen hört sie Engelstimmen, die sie warnen, der Neigung zu einem Mann nachzugeben. Doch auf Carlos Wunsch begleitet sie ihn zur Krönungsfeier in der Kathedrale von Reims. Die bösen Geister triumphieren, weil Giovanna aus Liebe zu Carlo ihrem göttlichen Auftrag untreu wurde.

2. Akt. Als der Krönungszug die Kirche verlässt, ruft der König Giovanna zur Schutzheiligen des Landes aus. Daraufhin tritt Giacomo vor und klagt den König der Gotteslästerung und seine Tochter der Hexerei an. Giovanna schweigt zu den Anschuldigungen. Das Volk verlangt, sie den Engländern als Hexe auszuliefern.

3. Akt. Gekettet liegt Giovanna in englischer Gefangenschaft. Plötzlich wird Giacomo erleuchtet; er erkennt die Sendung und die Reinheit ihres Glaubens. So segnet und befreit er sie. Giovanna eilt auf das Schlachtfeld, wo sie die Franzosen zu einem neuen Sieg über die Engländer führt, den König rettet, selbst aber tödlich verwundet wird. Der Sterbenden öffnet sich der Himmel zum Blick auf die heilige Jungfrau Maria.

Verdis siebte Oper entstand innerhalb von nur drei Monaten zwischen Dezember 1844 und Februar 1845. Soleras Versicherung, das Libretto habe wenig mit Schillers Schauspiel zu tun, wird durch den Vergleich der Texte bestätigt; beiden gemeinsam ist immerhin der freie Umgang mit den historischen Fakten zur intensiven Vergegenwärtigung einer »romantischen Tragödie« (Schiller). Solera reduzierte das Geschichtsdrama auf ein effektvolles Dreipersonenstück mit oberflächlicher Charakterisierung, den Protagonisten fehlt echte Leidenschaft. Demzufolge ist Verdis Musik von unterschiedlicher Qualität; der Oper fehlt ein einheitlicher Stil, wie er die vorausgegangenen *Ernani* und *I due Foscari* auszeichnete. Die Szenen Giovannas ragen heraus: im Prolog ihre Kavatine *Sempre all'alba / Immer am Abend*, im 1. Akt ihre Romanze *O fatadia foresta / O prophetischer*

Wald, die Kerkerszene zu Beginn des 3. Aktes und das anschließende Duett mit Giacomo *Or dal padre benedetta / Gesegnet von meinem Vater*.

Tschaikowsky erlebte 1878 in Wien eine Aufführung der Oper, die ihn dazu anregte, selbst eine *Jungfrau von Orléans* zu schreiben. Tschaikowskys Version ist heute ebenso so selten auf den Bühnen anzutreffen wie Verdis Oper.

Giovanna d'Arco behauptete sich bis etwa 1870 als Vehikel für Stars wie Teresa Stolz und Adelina Patti erfolgreich auf den italienischen Bühnen. Erst das Verdi-Jahr 1951 rief die Primadonnen-Oper dann wieder in Erinnerung: Renata Tebaldi sang die Giovanna 1951 bei der RAI in Mailand und 1953 in Florenz, Katia Ricciarelli folgte ihr 1972 in Venedig, June Anderson 1996 in London (mit Vladimir Chernov und Dennis O'Neill). Auf der Konzertbühne sangen Montserrat Caballé und Margaret Price (London 1989) die Giovanna. Werner Herzog inszenierte die Oper 1989 in Bologna (Dirigent: Riccardo Chailly) mit Susan Dunn, Renato Bruson und Vincenzo La Scola. In Ludwigshafen wurde 1998 eine Koproduktion mit der Opera North in Leeds und dem Covent Garden Opera House gespielt.

CD-Empfehlungen

Alfredo Simonetto; Renata Tebaldi, Carlo Bergonzi, Rolando Panerei; Orchester der RAI Mailand (26. März 1951; Rundfunkaufnahme)

Carlo Franci; Katia Ricciarelli, Flaviano Labò, Mario Zanasi; Orchestra del Teatro La Fenice (16. April 1972; Venedig; live)

James Levine; Montserrat Caballé, Placido Domingo, Sherill Milnes; London Symphony Orchestra
EMI 1973 (2 CD)

Alzira

Dramma lirico in 1 Prolog und 2 Akten. Text von Salvatore Cammarano nach Voltaires Tragödie *Alzire ou Les Américains* (1736). Uraufführung am 12. August 1845 in Neapel, Teatro San Carlo.

PERSONEN: Alvaro, spanischer Gouverneur von Peru (Bass) – Gusmano, sein Sohn (Bariton) – Ovando, spanischer Offizier (Tenor) – Zamoro (Tenor) und Ataliba (Bass), Häuptlinge peruanischer Stämme; Alzira, Atalibas Tochter (Sopran) – Zuma, ihre Schwester (Mezzosopran) – Otumbo, Inka-Krieger (Tenor) – Spanische Offiziere und Soldaten, Einwohner Südamerikas.

ORT UND ZEIT: Peru, Mitte des 16. Jahrhunderts.

SPIELDAUER: ca. 1½ Stunden (Prolog: ca. 15 min.; 1. Akt: ca. 45 min.; 2. Akt: ca. 30 min.).

Prolog. *Der Gefangene.* Alvaro ist in die Hände Otumbos gefallen, der ihn zu Tode foltern will. Doch der überraschend aus der spanischen Gefangenschaft zurückgekehrte und nur knapp dem Henker entkommene Zamoro schenkt Alvaro großmütig die Freiheit. Umso größer ist sein Zorn, als er hört, dass seine Braut Alzira von den Spaniern gefangen genommen wurde.

1. Akt. *Leben um Leben.* In Lima stellt Alvaro seinen Sohn Gusman als neuen Statthalter vor. Gusman will den Frieden zwischen Inkas und Spaniern durch seine Heirat mit Alzira besiegeln. Ataliba bittet um Aufschub, da seine Tochter Alzira noch um ihren offenbar gefallenen Geliebten Zamoro trauere. Er selbst versucht, Alzira zur Heirat mit Gusman zu überreden, doch Alzira weigert sich. Heimlich schleicht sich Zamoro nach Lima und überrascht seine Geliebte. Als sie sich ewige Liebe schwören, werden sie von Gusman entdeckt, der Zamoro verhaften lässt und seine Hinrichtung befiehlt. Doch Alvaro erkennt in Zamoro seinen Retter und bewirkt seine Freilassung. Zamoro und Gusman schwören sich Rache.

2. Akt. *Die Rache eines Wilden*. Nach neuerlichem Kampf zwischen Spaniern und Inkas geraten Alzira und Zamoro wieder in die Gewalt Gusmans. Zamoro soll auf dem Scheiterhaufen sterben, es sei denn, Alzira entschließe sich, Gusmans Frau zu werden. Ihrem Geliebten zuliebe willigt Alzira ein. Davon erfährt der freigelassene Zamoro erst nachträglich durch Otumbo; sein Entschluss, sich auf dem Hochzeitsfest an dem Spanier zu rächen, ist schnell gefasst: Während der Feierlichkeiten tritt er verkleidet in den Saal, erdolcht Gusman und fordert die Spanier auf, ihn zu töten. Doch der sterbende Gusman vergibt seinem Mörder und entlässt ihn mit Alzira in die Freiheit.

Alzira ist von den vier Opern, die Verdi im Zeitraum von 18 Monaten ab November 1844 schrieb – neben *I due Foscari*, *Giovanna d'Arco* und *Attila* die unbekannteste. Sie entstand innerhalb von nur 28 Tagen und Verdi hat sie selbst als seine schlechteste Oper bezeichnet. Erstmals arbeitete Verdi mit einem der renommiertesten Textdichter zusammen. Im Mai 1844 feuerte Verdi Cammarano an: »lassen Sie die Sache nur leidenschaftlich sein, und Sie werden sehen, dass ich ganz ordentliche Musik schreiben kann«.

Cammarano hatte den ethischen und religiösen Hintergrund der Voltaire'schen Tragödie getilgt und ein vordergründiges Liebesdrama verfertigt, in dem selbst die politischen Untertöne abgeschwächt sind. Immerhin klingen Verdis musikalische Typen, besonders Alzira und Zamoro – sie mit ihrer Arie *Da Gusman, su fragil barca / Auf einem zerbrechlichen Boot floh ich vor Gusman* (1. Akt), er in seiner Szene *Irne lungi ancor dovrei / Muss ich wieder weg von hier* (2. Akt) – stellenweise wie eine Vorwegnahme der entsprechenden Figuren im *Troubadour*; das Finale kann den letzten Szenen der *Traviata* oder des *Troubadour* zur Seite gestellt werden.

Obwohl das Werk in Neapel durch die Mitwirkung von Eugenia Tadolini und Gaetano Fraschini – sie hatte zuvor die Elvira kreiert, er sang in den Uraufführungen von *Attila*, *Il Corsaro*, *La battaglia di Legnano*, *Stiffelio*, *Un ballo in maschera* und *Rigoletto* – Interesse fand, verschwand *Alzira* vollkommen von den Spielplänen. Nach Rundfunkaufnahmen 1936 in Wien (dt. von Lothar Riedinger) und 1939 in Berlin (mit Elisabeth Schwarzkopf!) erlebte die Oper erst 1967 in Rom mit Virginia Zeani in der Titelrolle eine Wiederbelebung. Weder konzertante Aufführungen 1968 in New York und 1973 bei der RAI Turin noch szenische Versuche 1981 und 1990 in Parma konnten einen nachhaltigen Eindruck erzielen. Erst 1998 kam es in Passau erstmals zu einer szenischen Aufführung in Deutschland.

CD-Empfehlung

Lamberto Gardelli; Ileana Cotrubas, Renato Bruson, Francisco Araiza; Münchner Rundfunkorchester
Orfeo 1983 (2 CD)

Attila

Dramma lirico in 1 Prolog und 3 Akten. Text von Temistocle Solera, unter Mitarbeit von Francesco Maria Piave, nach der romantischen Tragödie *Attila, König der Hunnen* (1808) von Friedrich Ludwig Zacharias Werner. Uraufführung am 17. März 1846 in Venedig, Teatro La Fenice.

PERSONEN: Attila, König der Hunnen (Bass) – Ezio, römischer Feldherr (Bariton) – Odabella, Tochter des Herrschers von Aquileja (Sopran) – Foresto, ein Ritter aus Aquileja (Tenor) – Uldino, ein junger Bretone, Attilas Sklave (Tenor) – Leone, ein alter Römer (Bass) – Heerführer, Könige und Soldaten, Hunnen, Gepiden, Ostgoten, Herulier, Thüringer, Quaden, Druiden, Priesterinnen, Volk, Männer aus Aquileja, Frauen aus Aquileja in Kriegsrüstung, römische Offiziere und Soldaten, römische Jungfrauen und Kinder, Eremiten, Sklaven.

ORT UND ZEIT: Aquileja und adriatische Lagunen, 452 n. Chr.

SPIELDAUER: ca. 2 Stunden (Prolog: ca. 40 min.; 1. Akt: ca. 30 min.; 2. Akt: ca. 25 min.; 3. Akt: ca. 15 min.).

Prolog. Attila, der soeben Aquileja erobert hat, ist von dem Mut Odabellas, der Tochter des von ihm ermordeten Herrschers der Stadt, höchst beeindruckt und gibt ihr als Geste der Hochachtung ihr Schwert zurück. Odabella aber fühlt sich gedemütigt und schwört ihm Rache. Ezio schlägt Attila ein Abkommen vor: Er will Italien behalten, dafür soll Attila den Rest der Welt bekommen (*Avrai tu l'universo, resti l'Italia a me / Du magst das Universum haben, doch überlasse mir Italien*). Der Hunnenkönig lehnt ab. Die Überlebenden aus Aquileja führt Foresto, der seine Braut Odabella tot glaubt, in die Lagunen und lässt sie dort ihre Stadt neu errichten.

1. Akt. Im Lager Attilas in der Nähe von Rom erinnert sich Odabella an ihren Vater (Szene und Arie *Liberamente or piangi ...Oh! nel fuggente nuvolo / Weine jetzt frei ... Oh, Vater! Ist dein Bild*). Hier spürt sie Foresto auf und

überschüttet sie mit Vorwürfen. Doch sie rechtfertigt sich damit, dass sie, wie Judith bei Holofernes, nur in der nächsten Nähe Attilas die Möglichkeit habe, ihn zu ermorden (Duett *Si, quell'io son / Ja, schaue, wer ich bin*). Attila will seine Truppen gegen Rom führen, obwohl ihn böse Vorahnungen heimsuchen. Als ihm eine Prozession von Jungfrauen und Kindern entgegentritt, angeführt vom römischen Bischof, der ihm ins Gewissen redet, sieht Attila seine Traumbilder erfüllt und wirft sich zerknirscht auf die Erde.

2. Akt. Im römischen Lager ist Ezio enttäuscht über die friedliche Entwicklung. Er zürnt seinem Kaiser wegen des Befehls, nach dem Waffenstillstand mit Attila sofort nach Rom zurückzukehren. Deshalb greift er nur zu gern einen Plan Forestos auf, die Hunnen während eines Festgelages zu überfallen. Er ist bereit als Held zu fallen (*È gettata la mia sorte / Mein Schicksal ist bestimmt*). – Auf diesem Fest unterbreitet er Attila erneut seinen Vorschlag zur Aufteilung der Welt, wird aber abermals abgewiesen. Unterdessen lässt Foresto Odabella wissen, dass Attila durch einen Becher vergifteten Weins sterben werde, worauf sie, die sich die Rache nicht nehmen lassen will, den Plan verrät. Foresto muss fliehen.

3. Akt. Glockengeläut kündigt Foresto die Hochzeit Odabellas mit Attila an (Romanze *Che non avrebbe il misero / Was würde dieser unglückliche Mann*). Odabella versichert ihm nochmals ihre Liebe. Ezio teilt mit, dass seine Leute bereit sind, die Hunnen zu überfallen (Terzett *Te sol, te sol quest'anima / Meine Seele liebt dich, dich allein*). Attila, der ihr gefolgt ist, erkennt jetzt den Verrat auf allen Seiten: Die Römer stürmen auf die Hunnen ein, und Odabella ersticht den Mörder ihres Vaters.

Friedrich Ludwig Zacharias Werner gehörte zu den erfolgreichsten Dramatikern der deutschen Romantik und wurde von Goethe, Stendhal und Giuseppe Mazzini, einem Führer des Risorgimento, geschätzt. Verdi war von den

Schlacht- und Kriegsszenen des in Wien uraufgeführten Schauspiels offenbar ebenso begeistert wie von der Figur des Attila. Während der Arbeit an der Oper schrieb er seinem französischen Verleger Escudier: »Welch ein hübscher Gedanke wäre es, daraus eine Grand opéra zu machen«. Im Libretto, das Solera begann und dessen letzten Akt Piave ausführte, wurde rasch die Aktualität des Stoffes deutlich. Das von dem Hunnenkönig unterdrückte Italien der Spätantike geriet zum Symbol für das gegen die österreichisch-französische Herrschaft kämpfende Italien Verdis. Diese Vereinfachung machte aus dem bei Werner differenzierter gezeichneten Attila den bösen und skrupellosen Eroberer und stilisierte Ezio, den zwielichtigen, historischen Feldherrn Aetius, zum guten und gerechten Römer; aus Hildegunde von Burgund wurde Odabella von Aquileja. »Tre carattere stupendi« nannte Verdi gegenüber Piave dieses Trio aus zwei tiefen Männerstimmen und einem leidenschaftlichen Sopran. Aus Walther wurde der Edelmann Foresto, hinter dem schlicht als alten Römer bezeichneten »Leone« verbirgt sich Papst Leo I.

Das Thema, das im Prolog durch die in der adriatischen Lagune sich niederlassenden Flüchtlinge aus Aquileja in die Gründungsgeschichte Venedigs hineinspielt, war ideal für ein Auftragswerk des Teatro La Fenice. Dennoch war die Uraufführung kein einhelliger Erfolg.

Ezios Angebot an Attila in ihrem Duett im Prolog *Avrai tu l'universo, resti l'Italia a me / Du magst das Universum haben, doch überlasse mir Italien* wurde sofort in seiner tagespolitischen Bedeutung begriffen und verhalf Verdis neunter Oper vor dem Hintergrund der Risorgimento-Bewegung für die Einigung Italiens zu ihrer speziellen Popularität. Dieses Duett, zugleich der Angel- und dramatische Höhepunkt der Oper, steht beispielhaft für Verdis in *Attila* zugespitzte Kunst, melodische Gegensätze zu schlagkräftiger, fast brutaler Wirkung zu steigern. »Vor allem die Cabalettas drücken eine Stimmung von undifferenzierter Energie aus, die ihren Höhepunkt im lärmenden Stretta-Finale des 2. Aktes erleben« (Julian Budden).

Dank fulminanter Szenen, darunter Odabellas kriegerische Cavatina im Prolog *Allor che i forti corrono / Während deine Krieger eilen* und Ezios Arie zu Beginn des 2. Aktes *Dagli immortali vertici / Ah, vor den großartigen Gipfeln*, erlebt *Attila* gerade in den letzten Jahren eine gewisse Renaissance. Obwohl das Werk sich durch eine den meisten Werken aus Verdis »Galeerenjahren« vergleichbare Vitalität auszeichnet, ist es doch wegen der starren Tableaus und der relativ unprofilierten Gestaltung der Figuren von eingeschränkter Originalität. Durch das Fehlen einer Liebeshandlung wird der Tenor zu einer Nebenrolle (ähnlich wie Ismaele *in Nabucco*, Macduff in *Macbeth*), weshalb ihm Verdi für spätere Aufführungen eine neue Romanze nachkomponierte. Dagegen stattet Verdi Odabella mit einem vokalen Aplomb aus, wie zuvor Abigaille und anschließend die Lady Macbeth. Um 1860 verschwand das Werk von den Bühnen. Erst nachdem Carlo Maria Giulini die Oper 1951 (konzertant) erprobte, kam es zu neuerlichen Aufführungen: Die Titelrolle wurde u. a. von Nicolai Ghiaurov (Florenz 1972), Boris Christoff (Florenz 1962, Venedig 1976), Samuel Ramey (Venedig 1986) gesungen. 1980 brillierte Giuseppe Sinopoli mit *Attila* in Wien (mit Mara Zampieri, Nicolai Ghiaurov, Piero Cappuccilli), 1989 Riccardo Muti in Mailand (mit Cheryl Studer, Samuel Ramey), zuvor schon 1970 bei der RAI in Rom (mit Antonietta Stella, Ruggero Raimondi). Weitere Aufführungen fanden u. a. 1990 an Covent Garden (Josephine Barstow, Raimondi), 1992 in Genf in einer Inszenierung von Jerome Savary und 1999 in Straßburg statt. Die deutsche Erstaufführung erfolgte 1854 in Stuttgart (dt. von W. Haeser); 1971 kam es an der Deutschen Oper Berlin zu einer bemerkenswerten Aufführung unter Giuseppe Patané (mit Gundula Janowitz, José van Dam, Ingvar Wixell); erst 1999 folgte in Deutschland eine weitere Produktion in Karlsruhe.

CD-Empfehlungen

Riccardo Muti; Leyla Gencer, Nicolai Ghiaurov, Norman Mittelmann; Orchestra del Teatro Comunale di Firenze (31. Dezember 1972; Florenz; live)

Lamberto Gardelli; Cristina Deutekom, Ruggero Raimondi, Sherrill Milnes; Royal Philharmonic Orchestra
Philips 1973 (2 CD)

Riccardo Muti; Cheryl Studer, Samuel Ramey, Giorgio Zancanaro; Orchestra del Teatro alla Scala Milano
EMI 1990 (2 CD)

Macbeth

Melodramma in 4 Akten. Text von Francesco Maria Piave, unter Mitarbeit von Andrea Maffei, nach William Shakespeares *The Tragedy of Macbeth* (1606?). Uraufführung am 14. März 1847 in Florenz, Teatro La Pergola. – Erstaufführung der Neufassung in der Übersetzung von Charles Nuitter und Alexandre Beaumont als Opéra in 4 Akten am 21. April 1865 in Paris, Théatre-Lyrique.

PERSONEN: Macbeth (Bariton) und Banquo (Bass), Feldherrn in der Armee König Duncans – Lady Macbeth (Sopran) – Kammerfrau der Lady Macbeth (Mezzosopran) – Macduff, schottischer Adliger, Lord of Fife (Tenor) – Malcolm, Duncans Sohn (Tenor) – Ein Arzt (Bass) – Ein Diener Macbeths (Bass) – Ein Mörder (Bass) – Ein Herold (Bass) – Erste Erscheinung (Bariton) – Zweite Erscheinung (Sopran) – Dritte Erscheinung (stumme Rolle) – Duncan, König von Schottland (stumme Rolle) – Fleanzio/Fleance, Banquos Sohn (stumme Rolle) – Hexen, Boten des Königs, schottische Adlige und Flüchtlinge, Mörder, englische Soldaten, Barden, Geister, Erscheinungen u. a.

ORT UND ZEIT: Schottland und schottisch-englische Grenze, 11. Jahrhundert.

SPIELDAUER: ca. 2¼ Stunden (1. Akt: ca. 50 min.; 2. Akt: ca. 30 min.; 3. Akt: ca. 35 min.; 4. Akt: ca. 40 min.).

1. Akt. Macbeth und Banquo wird von Hexen die Zukunft geweissagt: Macbeth werde Than von Glamis und Cawdor, dann König von Schottland, Banquo Stammvater eines künftigen Köngsgeschlechts. Kaum sind die Hexen verschwunden, erfüllt sich die erste Weissagung: Boten überbringen die Nachricht von Macbeths Ernennung zum Than von Cawdor. – Durch einen Brief ihres Gatten erfährt Lady Macbeth von diesen Neuigkeiten. Ihr Ehrgeiz erwacht. Um die Macht ihres Mannes zu sichern, wird ihr jedes Mittel recht sein (*Nel dì della vittoria ... Vieni! T'affretta / Am Tag des Sieges, ... Komm! Beeile dich!*).

Sowie sie erfährt, dass Duncan auf ihrem Schloss übernachten wird, fasst sie den Plan zu seiner Ermordung. Macbeth lässt sich, trotz vieler Bedenken, zum Vollzug des Mordes aufstacheln. Den blutigen Dolch in Händen, fühlt er sich bereits von Rachegeistern umgeben, doch kaltblütig steckt die Lady das Messer den schlafenden Wächtern zu. Als Macduff am Morgen den getöteten König entdeckt und mit Banquo den unbekannten Mörder verflucht, stimmen Macbeth und seine Frau mit gespieltem Entsetzen in die Verwünschungen ein.

2. Akt. Da Duncans Sohn Malcolm überstürzt nach England geflohen ist, wurde Macbeth König von Schottland. Er erinnert sich jetzt der Prophezeiung der Hexen, die Nachkommen Banquos würden künftige Könige sein, und beschließt die Beseitigung von Banquo und dessen Sohn Fleance, sehr zur Befriedigung seiner Frau (*La luce langue* / *Nun sinkt der Abend*). – Gedungene Mörder lauern Banquo (*Come dal ciel precipita l'ombra* / *Sieh, wie vom Himmel schwer herab finstre Wolken*) und Fleance auf und töten den Vater. Der Sohn kann fliehen. – Auf seiner Burg gibt Macbeth ein Bankett, bei dem die Lady ein übermütiges Trinklied (*Si colmi il calice* / *Den vollen Becher*) anstimmt. Währenddessen erhält Macbeth die Bestätigung von Banquos Ermordung. Als er sich an die Tafel setzen will, erblickt er dort den Geist Banquos und beginnt zum Entsetzen der Gäste mit ihm zu sprechen. Die Lady sucht die Situation zu retten, indem sie alle zur Wiederholung des Trinklieds animiert.

3. Akt. Macbeth zieht es erneut zu den Hexen. Auf seine Fragen nach der Zukunft treten drei Erscheinungen auf: Sie warnen ihn vor Macduff, sagen ihm voraus, dass ihm kein von einem Weib Geborener gefährlich werden könne und dass Ruhm und Unbesiegbarkeit ihm erhalten blieben, bis der Wald von Birnam gegen ihn vorrücke. Auf seine Frage, ob Banquos Nachkommen auf den Thron gelangen werden, treten die Erscheinungen von acht Königen, gefolgt vom Geist Banquos, auf. Macbeth bricht bewusstlos zusammen.

Luftgeister geben ihm auf Geheiß der Hexen die Besinnung wieder. Er kann seiner Frau, die ihm gefolgt ist, die drei Prophezeiungen mitteilen und stimmt wieder in ihre mörderischen Schwüre ein, Macduffs Familie und Fleance zu vernichten (Duett: *Ora di morte e di vendetta / Stunde des Todes und der Rache*).

4. Akt. Mit schottischen Flüchtlingen trauert Macduff um seine von Macbeth ermordete Familie (*O figli, o figli miei / O meine Söhne*). Gemeinsam mit dem an der Spitze eines englischen Heeres nahenden Malcolm wollen die Schotten Macbeth entgegentreten. Sie tarnen sich mit Zweigen aus dem nahen Wald von Birnam. – In ihrem Schloss wird Lady Macbeth nun auch von Angstträumen verfolgt und erlebt schlafwandelnd, dem Wahnsinn nahe, die von ihr begangenen Bluttaten noch einmal (*Una macchia è qui tuttora / Dieser Flecken hier kommt immer wieder*). Nebenan erkennt Macbeth die Ausweglosigkeit seiner Situation (*Pietà, rispetto, amore / Verehrung, Respekt, Liebe*). Als man ihm den Tod seiner Frau meldet, berührt ihn dies nicht, denn das Leben bedeutet ihm nichts mehr. Man ruft ihm zu, der Wald von Birnam bewege sich auf das Schloss zu – da stellt er sich zu seinem letzten Kampf. Im Schlachtgewühl tritt er siegessicher Macduff gegenüber, weil kein von einer Frau Geborener ihn je besiegen kann, muss aber hören, dass Macduff aus dem Leib seiner Mutter geschnitten wurde: Die letzte Weissagung der Hexen geht in Erfüllung. Macbeth fällt durch Macduff, der nun Malcolm zum König ausruft.

Macbeth bezeichnet den Beginn von Verdis lebenslanger Beschäftigung mit Shakespeare, die in der kongenialen Vertonung des *Otello* dem Vorbild nahe kommt, es mit *Falstaff* sogar übertrifft. Der großen musikalischen wie literarischen Herausforderung bewusst, verfasste Verdi selbst das Szenarium, das er 1846 mit der ständigen Forderung nach »Erhabenheit und Kürze« von Piave in Verse setzen ließ. Unzufrieden mit Piave, zog Verdi 1847 für den 3. und 4. Akt dann Andrea Maffei hinzu.

Akribisch ins Detail versessen, verwirklichte Verdi bei den für die Sänger ungewohnt vielen und intensiven Proben erstmals seine Vorstellung vom musikdramatischen Kunstwerk, indem er der Ausstattung, dem Bühnenbild und den Kostümen, die gleiche Bedeutung zumaß wie der musikalischen Darstellung. Maria Barbieri-Nini, die erste Lady Macbeth, hat darüber ausführlich berichtet. Wie sehr sich Verdis ästhetisches Credo mit einer die Konventionen erschütternden Sicherheit äußerte, zeigt sich u. a. daran, dass er – in einer Epoche, in der der Belcanto absolut verbindliches Ideal war! – die Darstellerin der Lady, »ungestalt und hässlich«, mit einer »rauen, erstickten, hohlen Stimme« singen ließ: Wahrhaftigkeit des Ausdrucks als oberstes künstlerisches Prinzip.

An Cammarano, der als Hauslibrettist des Teatro San Carlo die Erstaufführung in Neapel überwachte, schrieb Verdi 1848: »Wecken Sie die Aufmerksamkeit dafür, dass es zwei zentrale Stücke in dieser Oper gibt: Das Duett zwischen der Lady und ihrem Gatten und den Sonnambulismo. Wenn diese Szenen misslingen, ist es um die ganze Oper geschehen, und diese Stücke dürfen absolut nicht gesungen werden. Sie müssen agiert und deklamiert werden, mit einer recht hohlen und verschleierten Stimme; andernfalls werden sie nicht den geringsten Effekt machen.«

Bei der Uraufführung reagierte das Publikum indigniert. Dies änderte sich auch 18 Jahre später nicht, als Verdi für Léon Carvalhos Théatre-Lyrique in Paris eine neue Fassung vorlegte. Für diese heute fast ausschließlich verwendete Version schrieb er den Hekate-Auftritt für ein Ballett im 3. Akt (das heute nahezu immer wegfällt), ersetzte u. a. Macbeths Monolog am Ende des 3. Aktes (*Vada in fiamme / Geh in Flammen auf*) durch das Racheduett Macbeth/Lady *Ora di morte*, die furiose Triumpharie der Lady *Trionfai! Securi alfine / Triumphiere! Endlich sind wir sicher* durch *La luce langue* und stellte die entscheidende Schlacht im 4. Akt mittels einer strengen Orchesterfuge dar, der Macbeths ursprüngliche Todesszene (*Mal per me / Also büß ich*) zum Opfer fiel. Die französische Übersetzung stammt von Nuitter (d. i. Charles-Louis-Etienne Truinet) und Alexandre Beaumont (d. i. Louis-Alexandre Beaume).

Im Mittelpunkt des Werkes bietet die Figur der Lady in ihrer Kavatine, der Arie, dem Trinklied und der Nachtwandelszene das psychologisch ausgefeilte Porträt einer gebrochenen Persönlichkeit. Bestandteil des internationalen Repertoires ist *Macbeth* seit der Verdi-Renaissance der 1920er-Jahre in Deutschland (Dresden 1928 unter Fritz Busch, dt. von Georg Göhler) mit zahlreichen bedeutenden Produktionen in Wien und München und seit 1950 mit den Interpretationen durch Maria Callas, Birgit Nilsson, Leyla Gencer, Leonie Rysanek, Grace Bumbry, Shirley Verrett, Christa Ludwig, Ghena Dimitrova, Mara Zampieri, Maria Guleghina. Zu den berühmtesten Vertretern der Titelrolle gehörten Sherill Milnes, Piero Cappuccilli und vor allem Renato Bruson. Die ursprüngliche Fassung von 1847 kam 1969 in Boston, 1986 in Genua und 1997 bei den Festspielen in Martina Franca zur Aufführung.

CD-Empfehlungen

Victor de Sabata; Maria Callas, Enzo Mascherini; Orchestra del Teatro alla Scala Milano (7. Dezember 1952; Mailand; live)
EMI (2 CD)

Lamberto Gardelli; Elena Souliotis, Dietrich Fischer-Dieskau; London Philharmonic Orchestra
Decca 1971 (2 CD)

Claudio Abbado; Shirley Verrett, Piero Cappuccilli; Orchestra del Teatro alla Scala Milano
Deutsche Grammophon 1976 (2 CD)

Giuseppe Sinopoli; Mara Zampieri, Renato Bruson; Orchester der Deutschen Oper Berlin
Philips 1983 (3 CD)

I masnadieri

Die Räuber

Melodramma tragico in 4 Akten. Text von Andrea Maffei nach Friedrich Schillers Schauspiel *Die Räuber* (1782). Uraufführung am 22. Juli 1847 in London, Her Majesty's Theatre.

PERSONEN: Massimiliano, regierender Graf von Moor (Bass) – Carlo, sein ältester Sohn (Tenor) – Francesco, sein jüngster Sohn (Bariton) – Amalia, eine Waise, Nichte des Grafen (Sopran) – Arminio, Kammerherr des Grafen (Tenor) – Moser, ein Pfarrer (Bass) – Rolla, ein Gefährte Carlos (Bariton) – Jünglinge (später Räuber), Frauen, Kinder, Diener u. a.

ORT UND ZEIT: Deutschland, Anfang des 18. Jahrhunderts.

SPIELDAUER: ca. 2 Stunden (1. Akt: ca. 40 min.; 2. Akt: ca. 30 min.; 3. Akt: ca. 30 min.; 4. Akt: ca. 25 min.).

1. Akt. Carlo, einst Mitglied einer Räuberbande, hat sich von den Kumpanen losgesagt und seinen Vater reumütig um Verzeihung gebeten. Doch durch die Intrigen seines Bruders Francesco, der das Erbe an sich reißen möchte, erhält er einen gefälschten Brief, in dem ihm der Vater scheinbar jede Rückkehr verwehrt. Aus Verzweiflung darüber lässt sich Carlo zum Anführer der Räuber wählen. – Francesco triumphiert. Jetzt will er überdies Carlos Braut Amalia erobern und versucht, den Vater durch die Nachricht vom angeblichen Ableben Carlos in den Tod zu treiben. Tatsächlich bricht Massimiliano zusammen. Francesco lässt ihn in den Kerker werfen und für tot erklären.

2. Akt. Am vermeintlichen Grab des Grafen erfährt Amalia durch Arminio, dass Carlo und Massimiliano noch am Leben sind. Den sie bedrohenden Francesco kann sie nur mit Mühe abwehren. – Carlo hat einige seiner Kumpane aus dem Gefängnis befreit.

3. Akt. Amalia ist geflohen und trifft durch Zufall auf Carlo, der ihr aber sein räuberisches Tun verschweigt. Er er-

fährt von dem Unglück seines Vaters und von Francescos finsteren Absichten. – Carlo gelingt es, Massimiliano aus dem Kerker zu befreien, doch der alte Graf erkennt seinen Sohn nicht mehr.

4. Akt. Von Angstträumen geplagt, lässt Francesco Moser zu sich kommen. Der Pfarrer verweigert ihm die Absolution. Inzwischen haben die Räuber das Schloss umzingelt, doch Francesco gelingt es zu fliehen. Carlo erhält den Segen des Vaters, muss sich aber ihm und Amalia gegenüber als Räuber zu erkennen geben. Da ihn sein Schwur an die Räuber bindet, ersticht er sich, um Amalia, die ihn ihrer Treue versichert, ein ehrloses Leben an seiner Seite zu ersparen.

Trotz der Mitarbeit des Schiller-Experten Maffei fielen die von Verdi vor *Macbeth* in Angriff genommenen, doch erst nach dem *Macbeth* beendeten *Räuber* weit konventioneller aus als Schillers Schauspiel, jedenfalls was die Ausführung der vokalen Partien und die formale Einheit anbelangt. Unter den stark vereinfachten Figuren ragt die Rolle der für die Starsopranistin Jenny Lind konzipierten Amalia mit ihrer kunstvollen Cavatina im 1. Akt (*Lo sguardo avea degli angeli* / *Sein Gesicht hatte das Lächeln der Engel*) und ihrer Arie im 2. Akt (*Tu del mio Carlo* / *Glückliche Seele, du bist*) heraus. Hervorzuheben sind auch das Duett der beiden Bässe im 4. Akt (Francesco/Moser *M'hai chiamato* / *Habt ihr mich gerufen*), die Traumerzählung des Francesco (*Tradimento!... Risorgono i defunti!* / *Verraten!... Die Toten stehen auf*), das finale Quartett des 1. Aktes und das Schlussterzett des 3. Aktes.

Die deutsche Erstaufführung fand erst 1928 in Wuppertal statt (dt. von Rudolf Franz); zu weiteren Produktionen kam es in Deutschland u. a. 1967 in Mannheim (dt. von Hans Hartleb; mit Jean Cox) sowie 1992 in Bremerhaven und 1993 in Dessau (jeweils in der Regie von Johannes Felsenstein), 1996 in Flensburg und 1998 in Bautzen. In Florenz inszenierte Erwin Piscator 1963 die Oper (Dirigent: Gianandrea Gavazzeni). Die Mailänder Scala spielte die Oper 1978 (Riccardo Chailly / Pier Luigi Pizzi). Die Primadonnenrolle der Amalia sangen u. a. Joan Sutherland (Sydney 1979) und Cristina Deutekom (Zürich 1982). Die Covent-Garden-Produktion (Edward Downes / Elijah Moshinsky) von 1998 (auch bei den Festspielen Baden-Baden) setzte sich, u. a. mit Dmitri Hvorostovsky und Franco Farina, erneut nachdrücklich für das Werk ein.

CD-Empfehlungen

Lamberto Gardelli; Montserrat Caballé, Carlo Bergonzi, Piero Cappuccilli; New Philharmonia Orchestra
Philips 1975 (2 CD)

Richard Bonynge; Joan Sutherland, Franco Bonisolli, Matteo Manuguerra; Orchestra of the Welsh National Opera
Decca 1992 (2 CD)

Il corsaro
Der Korsar

Melodramma tragico in 3 Akten. Text von Francesco Maria Piave nach Lord Byrons Verserzählung *The Corsair* (1814) in der Übersetzung von Giuseppe Nicolini (1834). Uraufführung am 25. Oktober 1848 in Triest, Teatro Grande.

PERSONEN: Corrado, Hauptmann der Korsaren (Tenor) – Medora, seine junge Geliebte (Sopran) – Seid, Pascha von Coron (Bariton) – Gulnara, Seids Lieblingssklavin (Sopran) – Selimo, Aga, Offizier des Pascha (Tenor) – Giovanni, ein Korsar (Bass) – Ein Sklave (Tenor) – Korsaren, Odalisken, Soldaten, Eunuchen, Muselmanen, Sklaven u. a.

ORT UND ZEIT: Eine Insel in der Ägäis und die Stadt Coron, Anfang des 19. Jahrhunderts.

SPIELDAUER: ca. 1½ Stunden (1. Akt: ca. 25 min.; 2. Akt: ca. 30 min.; 3. Akt: ca. 40 min.).

1. Akt. Aus enttäuschter Liebe schloss sich Corrado einst den Piraten an, deren Hauptmann er jetzt ist. Auf seiner Insel ruft er zum Kampf gegen die Muselmanen. Voll banger Vorahnungen erwartet Medora ihren Geliebten Corrado. Er kann ihre Sorgen nicht zerstreuen. Beim leidenschaftlichen Abschied ist sich Medora sicher, dass sie Corrado nicht mehr wiedersehen wird.

2. Akt. In Seids Harem hängt Gulnara ihren traurigen Gedanken nach und hofft, bald frei zu werden. Doch für den Abend muss sie zunächst einer Einladung Seids folgen. – Seid und die türkische Flotte rüsten zum Angriff gegen die Korsaren. In der Verkleidung eines armen Derwischs gelingt es Corrado, sich bei Seid einzuschleichen und dessen Flotte in Brand zu setzen. Als das Feuer auf den Harem übergreift, befiehlt Corrado die Rettung der Frauen. Dadurch gewinnt Seid Zeit und kann Corrado festnehmen. Gulnara und ihre Damen bitten für den Korsaren um Gnade.

3. Akt. Seid, eifersüchtig auf Corrado, weil Gulnara um dessen Leben flehte, befiehlt den Tod des Korsaren. Als er Gulnara diesen Entschluss mitteilt, wird ihm endgültig klar, dass seine Lieblingssklavin in seinen Feind verliebt ist. Gulnara sinnt auf Rache. – Im Kerker sorgt sich Corrado um Medora. Da erscheint Gulnara und bietet ihm die Befreiung an, die Corrado stolz ablehnt. Erst als Gulnara zurückkehrt und ihm eröffnet, dass sie Seid ermordet hat, ist Corrado bereit zu fliehen. – Ohne Hoffnung erwartet Medora Corrados Rückkehr. Als Corrado und Gulnara endlich auf der Insel eintreffen, stirbt Medora, die aus enttäuschter Liebe Gift genommen hat, in den Armen des Geliebten. Voll Verzweiflung stürzt sich Corrado ins Meer. Gulnara bricht zusammen.

Byrons *The Corsair* faszinierte Verdi seit 1844. Auch als sich der Plan einer Byron-Oper für London zerschlagen hatte, hielt Verdi an dem Stoff fest. Als die Oper endlich in Triest herauskam, bedeutete sie aber, ähnlich wie *I masnadieri*, einen stilistischen Rückschritt, da die ersten Konzeptionen weit in die Zeit vor *Macbeth* zurückreichen. So leidenschaftlich er sich für den *Korsaren* eingesetzt hatte, so sehr distanzierte sich Verdi später von dieser Oper; bis heute sind Aufführungen von Verdis zwölfter Oper, die bereits um die Mitte des 19. Jahrhunderts von den Spielplänen verschwand, äußerst selten.

1954 sang Carlo Bergonzi die Titelpartie in einer konzertanten Aufführung in Venedig. Eine Produktion 1971 in Venedig (mit Giorgio Lamberti, Katia Ricciarelli, Renato Bruson), die auch in Frankfurt a. M. gastierte, leitete eine neue Beschäftigung mit dieser Oper ein: Triest (1972 mit Katia Ricciarelli als Medora; 1998, mit Alberto Cupido als Corrado), 1972 Parma, 1982 San Diego, 1986 Nîmes (u. a. mit Edoardo Villa, Stefka Evstatieva), 1993 Ludwigshafen (mit Alexej Steblianko, Nelly Miricioiu, Victoria Loukianetz), 1996 in Turin (mit José Cura, Barbara Frittoli, Maria

Dragoni) sowie (konzertant) in Ludwigsburg (mit Keith Ikaia-Purdy und Martile Rowland).

Zu den bemerkenswerten Passagen der Oper gehört neben Medoras Romanze im 1. Akt (*Egli non riede ancora... Non so el tetre immagini* / *Noch kehrt er nicht zurück... Ich kann meine Gedanken*), Corrados Kerkerszene (*Eccomi prigioniero!* / *Da bin ich nun gefangen*) und dem anschließenden Duett mit Gulnara im 3. Akt (*Non sai tu che sulla testa* / *Weißt du nicht, dass der Sturm*) das Schlussterzett Medora/Gulnara/Corrado (*Voi tacete...* / *Ihr seid schweigsam...*), das bereits auf den *Troubadour* vorausweist.

CD-Empfehlungen

Jesus Lopez-Cobos; Giorgio Lamberti, Angeles Gulin, Katia Ricciarelli, Renato Bruson; Orchestra del Teatro La Fenice (20. März 1971; Venedig; live)

Lamberto Gardelli; José Carreras, Jessye Norman, Montserrat Caballé, Gian-Piero Mastromei; New Philharmonia Orchestra Philips 1976 (2 CD)

La battaglia di Legnano
Die Schlacht von Legnano

Tragedia lirica in 4 Akten. Text von Salvatore Cammarano nach dem Schauspiel *La bataille de Toulouse* von François-Joseph Méry. Uraufführung am 27. Januar 1849 in Rom, Teatro Argentina.

PERSONEN: Federico Barbarossa, deutscher Kaiser (Bass) – Erster Konsul von Mailand (Bass) – Zweiter Konsul (Bass) – Der Bürgermeister von Como (Bass) – Rolando, Mailänder Heerführer (Bariton) – Lida, seine Frau (Sopran) – Arrigo, Veroneser Krieger (Tenor) – Marcovaldo, deutscher Kriegsgefangener (Bariton) – Imelda, Lidas Zofe (Mezzosopran) – Arrigos Knappe (Tenor) – Ein Herold (Tenor) – Todesritter, Magistrat und Heerführer Comos, Lidas Zofen, Mailänder Bürger und Senatoren, Soldaten aus Verona, Novara, Piacenza und Mailand, deutsche Armee u. a.

ORT UND ZEIT: Mailand und Como, 1176.

SPIELDAUER: ca. 2 Stunden (1. Akt: ca. 40 min.; 2. Akt: ca. 20 min.; 3. Akt: ca. 40 min.; 4. Akt: ca. 15 min.).

1. Akt. Unter den Kriegern der lombardischen Städte, die gegen Kaiser Barbarossa rüsten, ist auch der junge Veroneser Arrigo, der sich auf ein Wiedersehen mit seiner Geliebten Lida freut. Er ahnt nicht, dass Lida inzwischen mit seinem Freund Rolando verheiratet ist. – Lida beklagt die Schrecken des Krieges. Imelda meldet ihrer Herrin, dass der totgeglaubte Arrigo noch am Leben sei. Rolando bringt den Jugendfreund mit in sein Haus. Allein mit Lida, macht ihr Arrigo heftige Vorwürfe wegen ihrer Heirat mit Rolando.

2. Akt. Als Boten der lombardischen Liga fordern Rolando und Arrigo den Magistrat von Como auf, sich ihnen anzuschließen und den Vertrag mit Barbarossa zu brechen. In diesem Moment erscheint Barbarossa und zwingt alle, sich ihm zu beugen.

3. Akt. In der Mailänder Basilika S. Ambrogio schwören die Todesritter, Barbarossa unter Einsatz ihres Lebens zu

vertreiben. Arrigo schließt sich ihnen an. – Vor der Schlacht nimmt Rolando Abschied von Lida und bittet Arrigo, sich im Falle seines Todes seiner Familie anzunehmen. Doch nachdem ihm Marcovaldo einen Brief Lidas an Arrigo übergeben hat, schwört Rolando Rache. Als er anschließend noch Lida in Arrigos Zimmer überrascht, schließt er den Rivalen ein, damit Arrigo nicht seiner Mission, das Vaterland zu retten, folgen kann. Arrigo springt aus dem Fenster.

4. Akt. Vor S. Ambrogio wird der Sieg der Lombarden verkündet. Auf einer Bahre wird der schwer verwundete Arrigo gebracht; er hat Barbarossa in der Schlacht von Legnano getötet. Sterbend versichert er Rolando, dass er ihn nicht mit Lida betrogen habe und versöhnt ihn mit ihr.

Den Stoff dieser in politisch aufgewühlter Zeit entstandenen Oper (während der Cinque Giornate vom 18. bis 22. März 1848 vertrieben die Mailänder die österreichischen Soldaten) hatte Cammarano vorgeschlagen. Die politischen Tagesereignisse wurden kurzerhand mit der Erhebung der lombardischen Städte gegen die Fremdherrschaft Kaiser Barbarossas im 12. Jahrhundert identifiziert.

Zu den musikalisch geglücktesten Erfindungen in dem etwas konstruiert wirkenden Libretto gehört der textlich weitgehend von Verdi entworfene 2. Akt; daneben müssen das Duett Arrigo/Lida im 1. Akt (*E ver? Sei d'altri / Ist es wahr? Du gehörst einem andern*) sowie Lidas Cavatina und ihre rezitativische Szene im 3. Akt, der insgesamt zu den stärksten Eingebungen des jungen Verdi gehört, hervorgehoben werden. Von den anderen Werken aus Verdis Frühzeit unterscheidet sich diese zur Verherrlichung Italiens in Paris komponierte Oper durch fast klassizistische Zurückhaltung und Ausgewogenheit sowie durch kunstvollen Feinschliff; allerdings fehlt ihr der überbordende Elan der anderen Jugendopern.

Eine anschauliche Beschreibung der ersten Aufführungen liefert Joseph Gregor: »Weitaus übertrifft *Die Schlacht von*

Legnano alles, was jemals an Wirkung seit der *Stummen von Portici* zu hören war. Rom zitterte im Revolutionsfieber, man erwartet das Eindringen Garibaldis. Bei der Generalprobe erzwingt sich das Volk gewaltsam Einlass in das Theater. Und schon die ersten Takte entfesseln den Sturm: ›Es lebe Italien!‹ wird auf der Bühne gesungen, ›ein heil'ger Vertrag schließt seine Söhne zusammen!‹ – donnernd erwidert das Evviva Verdi! aus dem Zuschauerraum. Diese Szene steigert sich noch bis zum vierten Akt, der bei jeder Vorstellung zur Gänze wiederholt werden musste. In wenigen Tagen ist Garibaldi tatsächlich hier und macht Rom zur ›Weltstadt der Freiheit‹. Verdis Oper aber kann nur in dieser Stadt mit dem unveränderten Text gegeben werden, an allen anderen Opernhäusern müssen die unterdrückten Niederlande aus politischen Gründen an die Stelle der Lombardei treten. Legnano wird zu Harlem, Friedrich Rotbart zu Herzog Alba. Der Meister aber, der dermaßen seine Landsleute in der Hand hält, beschwört sie, ganz gegen das eigene Interesse, jetzt ja kein Theater zu bauen, weil es keinen anderen Gedanken geben dürfe als die Sache der Freiheit.«

Trotz der erfolgreichen Uraufführung hielt sich die Oper nicht im Repertoire. 1916 gedachte die Mailänder Scala mit einer *Battaglia*-Aufführung des Kriegseintritts Italiens. Die deutsche Erstaufführung fand 1932 in Augsburg (dt. von Franz Xaver Bayerl) statt, ihr folgte 1937 in Bremen eine verhunzte Fassung von Julius Kapp (*Das heilige Feuer*). Nach der erfolgreichen Aufführung 1959 beim Maggio Musicale in Florenz (mit Leyla Gencer und Giuseppe Taddei) folgten u. a. Aufführungen 1961 an der Mailänder Scala (unter Gianandrea Gavazzeni, mit Antonietta Stella, Ettore Bastianini, Franco Corelli) und 1983 in Rom (mit Mara Zampieri, Lajos Miller, Nuzio Todisco).

CD-Empfehlungen

Fernando Previtali; Caterina Mancini, Rolando Panerei, Albino Gaggi; Orchester der RAI Rom
Fonit Cetra 1951

Gianandrea Gavazzeni; Antonietta Stella, Ettore Bastianini, Franco Corelli; Orchestra del Teatro alla Scala Milano (7. Dezember 1962; Mailand; live)

Francesco Molinari-Pradelli; Leyla Gencer, Ugo Savarese, Giovanni Gibin; Orchestra del Teatro Giuseppe Verdi di Trieste (8. März 1963; Triest; live)

Lamberto Gardelli; Katia Ricciarelli, Matteo Manuguerra, José Carreras; Sinfonieorchester des ORF Wien
Philips 1978

Luisa Miller

Melodramma tragico in 3 Akten. Text von Salvatore Cammarano nach Friedrich Schillers bürgerlichem Trauerspiel *Kabale und Liebe* (1784). Uraufführung am 8. Dezember 1849 in Neapel, Teatro San Carlo.

PERSONEN: Luisa Miller (Sopran) – Miller, ihr Vater, Soldat im Ruhestand (Bariton) – Graf von Walter (Bass) – Rodolfo, sein Sohn (Tenor) – Federica, Herzogin von Ostheim, Nichte des Grafen (Mezzosopran) – Wurm, Schlossverwalter des Grafen (Bass) – Laura, eine Bäuerin (Sopran) – Ein Bauer (Tenor) – Damen der Herzogin, Pagen, Leibwächter, Dorfbewohner u. a.

ORT UND ZEIT: Tirol, 18. Jahrhundert.

SPIELDAUER: ca. 2¼ Stunden (1. Akt: ca. 55 min.; 2. Akt: ca. 40 min.; 3. Akt: ca. 40 min.).

1. Akt. *Die Liebe*. Luisa ist anlässlich ihrer Geburtstagsfeier besonders glücklich. Sie hat sich in einen gewissen Karl verliebt, nicht ahnend, dass er in Wirklichkeit Rodolfo heißt und Sohn des Grafen ist. Ihr Vater dagegen fürchtet für die Ehre seiner Tochter und sieht sich bestätigt, als ihm Wurm, der seit langem vergeblich um Luisa wirbt, die Identität von Luisas Geliebtem enthüllt. – Graf von Walter will Rodolfo zwingen, auf Luisa zu verzichten und standesgemäß Federica zu heiraten. Rodolfo weigert sich. Er gesteht der Herzogin von Ostheim, die ihn seit ihrer Jugend liebt, dass er sich zu einer anderen hingezogen fühlt. – Miller eröffnet seiner Tochter, wer ihr Geliebter in Wahrheit ist, und schwört dem Verführer Rache, doch Rodolfo bekräftigt seine Liebe zu Luisa. Der Graf erscheint im Hause Millers, beschimpft Luisa als Hure und will sie und Miller, der sich gegen die Verunglimpfung seiner Tochter verwahrt, festnehmen lassen. Rodolfo verhindert dies mit der Drohung, er werde die Machenschaften seines Vaters enthüllen.

2. Akt. *Die Intrige*. Luisa muss hören, dass ihr Vater doch inhaftiert worden ist. Wurm macht ihr vor, sie könne Miller

retten, wenn sie in einem Brief erkläre, dass sie Rodolfo nie geliebt habe, sondern nur ihn, Wurm. Luisa sieht keinen anderen Ausweg, als auf die Erpressung einzugehen. – Dem Grafen, der in der Furcht lebt, Rodolfo könne verraten, wie er, mit Hilfe Wurms, durch einen Mord zu Macht und Titel gekommen ist (Duett *L'altro retaggio non ho bramato / Ich habe die große Erbschaft meines Vaters*), übergibt Wurm den Brief Luisas. Beide zwingen Luisa auch gegenüber der Herzogin zu beteuern, dass sie nur Wurm liebe. Rodolfo wird Luisas Brief in die Hände gespielt. Er ist verzweifelt (*Quando le sere al placido / Als sie am Abend mit mir*) und will sich mit Wurm duellieren. Aber sein Vater, dem er von Luisas Brief erzählt, empfiehlt ihm hinterhältig, sich nur an Luisa zu rächen, und zwar indem er sich mit Federica vermählt.

3. Akt. *Das Gift.* Miller ist wieder frei. Ihm zuliebe zerreißt Luisa einen Abschiedsbrief an Rodolfo, in dem sie die ganze Intrige aufdeckt und ihm mitteilt, dass sie den Tod suche. Da tritt Rodolfo ein. Er macht Luisa heftige Vorwürfe wegen des Verrats. Als Luisa immer noch beteuert, Wurm zu lieben, lässt er sich von ihr einen Trank reichen, in den er heimlich Gift schüttet. Er bittet sie, das Glas mit ihm zu teilen. Dann erst gesteht er ihr, dass sie nun beide sterben werden. Im Angesicht des Todes bekennt Luisa endlich die Wahrheit, ihre Liebe allein zu ihm. Miller, dann der Graf und Wurm finden beide im Sterben. Mit letzter Kraft bäumt sich Rodolfo auf und sticht Wurm nieder.

Ähnliches wie im Fall seiner Shakespeare-Opern *Macbeth*, *Otello* und *Falstaff*, bei denen sich Verdi Schritt für Schritt dem Genie des Dichters annäherte, um in seiner letzten Vertonung die literarische Vorlage weit hinter sich zu lassen, gilt für Verdis Opern nach Dramen Schillers. Vier Mal hat sich Verdi mit dem deutschen Dichter beschäftigt: in *Giovanna d'Arco*, *I masnadieri*, *Luisa Miller* und *Don Carlos*; außerdem haben manche Szenen aus *La forza del destino* ihr Vorbild in *Wallensteins Lager*.

Luisa Miller

Als 14. Oper, die Verdi innerhalb von zehn Jahren schrieb (in den folgenden 44 Jahren entstehen nur noch 12), nimmt *Luisa Miller* nicht nur der hübschen Symmetrie wegen eine zentrale Stellung im Schaffen des Komponisten ein.

Als Verdi vom Teatro San Carlo den Auftrag für eine Oper erhielt, war Schiller nicht seine erste Wahl, vielmehr dachte er an den *König Lear* oder den von der strengen neapolitanischen Zensur sofort abgelehnten hochpatriotischen Stoff um die Belagerung von Florenz. Salvatore Cammarano stieß ihn im Mai 1849 auf Schillers politisch offenbar als nicht so brisant empfundene *Kabale und Liebe*, ein Stoff, an den Verdi früher schon einmal gedacht hatte. Im Gegensatz zu den vordergründig aufrüttelnden *Räubern* bot ihm Schillers letztes Stück aus dessen Sturm-und-Drang-Zeit sozialen Zündstoff und gesellschaftliche Konflikte, vor allem aber die Vater-Tochter- (auch Vater-Sohn-) Beziehung, die zum zentralen Motiv nahezu aller seiner Opern wurde. Rigoletto, Germont, Boccanegra und Amonasro scheinen in Miller, die Intriganten Paolo Albiani und Jago dagegen in Wurm vorgeformt, Gilda, Violetta und Desdemona sind bereits in der Figur der Luisa angelegt. Aus Schillers Ferdinand wird bei Cammarano Rodolfo, aus dem Musiker Miller ein ehemaliger Soldat, aus dem Präsidenten wird ein Graf von Walter, aus der Lady Milford eine Herzogin Federica; die Handlung verlegte der Librettist aus dem kleinen deutschen Fürstenstädtchen nach Tirol in die erste Hälfte des 18. Jahrhunderts. Cammarano nahm Schillers bürgerlichem Trauerspiel die Schärfe und machte aus ihm eine italienische Liebesgeschichte.

Verdis und Cammaranos Zusammenarbeit bei *Luisa Miller* war für den damaligen italienischen Opernbetrieb ganz und gar ungewöhnlich, denn der Librettist schwärmt davon, »dass die Dichtung nie Sklavin der Musik, aber auch nie deren Tyrannin sein solle«. Die unter dem von Schiller ursprünglich vorgesehenen Dramentitel mit Erfolg uraufgeführte Oper – Verdis dritte und letzte Arbeit für Neapel –

leitete einen Umschwung in Verdis Schaffen ein. Abramo Basevi, der erste Verfasser eines Verdi-Buches, setzte 1859 mit der *Luisa Miller* den Beginn von Verdis »seconda maniera« fest. Obwohl sich auch in *Luisa Miller,* vor allem im divertissementhaft romantischen 1. Akt, den Julian Budden als eine Opernfassung der *Giselle* bezeichnete, opernhafte Szenen finden, sind in Verdis erster bürgerlichen Oper Wort und Musik subtiler und deutlicher aufeinander bezogen, wechseln sich Rezitativ und Arie geschmeidig ab, sind die Chorszenen zurückgedrängt und äußern die Figuren ihre Gefühle und Empfindungen individueller als zuvor; vor allem der 3. Akt zeigt eine Tiefe der Empfindung, die auf entsprechende Szenen in *Rigoletto* und *Traviata* vorausweist. Die Meisterschaft dieser späteren Opern ließ *Luisa Miller* zu Unrecht etwas in Vergessenheit treten.

Unter den Jugendopern nimmt sie für den oft so urteilssicheren Oscar Bie eine Sonderstellung ein: »[Verdi] beschäftigte sich mit [*Luisa Miller*] in Paris, und es erscheint zweifellos, dass er zu dem schönen Schlusse dieser Oper, der eine Epoche für ihn bedeutete, durch den Einfluss der französischen Bühnenmusik gekommen ist, durch die szenische Rührung und musikalische Realistik, die ihr Vorzug war vor dem Gesangsschema der Italiener. *Luisa Miller* beginnt wie irgendein anderes Werk von ihm mit den Melodiechen, die wir heute so schwer zu einem seriösen Stoff vertragen. ... Aber schon im ersten Finale, »fra mortali ancora oppressa« (»Unter den Sterblichen ist die Unschuld«), überrascht der Edelsinn der Haltung. Dann in dem Quartett, »Come celar le manie del mio geloso amore«, streichelt uns eine seltene Zartheit. Das Temperament rückt vor. Die leidenschaftlichen Phrasen schnellen vorüber. Die Duette der Katastrophe steigern und erhitzen sich, wie nur in *Aida* oder *Otello.* Die Liedchen hören auf. Als erschlösse sich ihm eine neue Welt, in der großen Sterbeszene der Liebenden, füllen sich Rezitativ und Gesänge mit einem ernsten und tiefen Ausdruck, die Melodien strahlen in einem ungewohnten Glanz und in einer echten und herben Kraft, die Harmonien werden scharf und schwer, die Figur wird zum dramatischen, tätigen Motiv. ... Aus Ariensängern wurden Menschen, aus Rollen Charaktere, aus dem Text Schicksal und Wirklichkeit. So war die *Traviata* vorbereitet«.

Die Titelrolle verlangt nach einer Interpretin, die sowohl die Naivität des Dorfmädchens wie die Tragik der Liebenden verkörpern kann. Ähnlich der Violetta Valéry, auf die mehrfach verwiesen wurde, erwartet Verdi von der Interpretin der Luisa in jedem Akt eine andere Stimme. Verlangt das heitere Landmädchen des 1. Aktes einen brillanten, beweglichen Donizetti-Sopran, so ist im 2. und 3. Akt, wo Luisa mit Leidenschaft und Kraft handelt, eine dramatischere und ausdrucksvolle Stimme gefordert: in der breit strömenden Cabaletta *A brani, a brani, o perfido / In Stücke, o Ruchloser* zu Beginn des 2. Aktes und den beiden Szenen mit dem Vater bzw. mit Rodolfo im 3. Akt.

Antonietta Stella sang die Luisa 1963 in Palermo, Montserrat Caballé 1968 an der Met (unter Thomas Schippers), Katia Ricciarelli 1981 in Hamburg (unter Giuseppe Sinopoli) und London sowie 1983 in Wien und Paris, Aprile Millo 1990 in Rom, Kallen Esperian 1991 in Amsterdam (Inszenierung: Werner Schroeter) sowie 1993 in Genf, Nelly Miricioiu in Amsterdam. Rodolfo ist nicht nur wegen seiner wirkungsvollen Arie *Quando le sere al placido* eine der schönsten Tenorfiguren Verdis. In diversen Aufführungen wurde er u. a. von Giuseppe di Stefano, Richard Tucker, Plácido Domingo, Luciano Pavarotti, José Carreras und Neil Shicoff gesungen. Die erste deutsche Aufführung fand 1851 in Hannover statt; 1927 wurde die Oper an der Berliner Kroll-Oper (dt. von G. Göhler) aufgeführt. 1996 inszenierte Christoph Marthaler *Luisa Miller* in Frankfurt a. M. als Verschränkung verschiedener Stil- und Zeitebenen. Götz Friedrich bringt die Oper im Herbst 2000 an der Deutschen Oper Berlin heraus.

CD-Empfehlungen

Peter Maag; Montserrat Caballé, Luciano Pavarotti, Sherrill Milnes;
National Philharmonic Orchestra
Decca 1976 (2 CD)

Lorin Maazel; Katia Ricciarelli, Plácido Domingo; Orchestra of the
Royal Opera House Covent Garden
Deutsche Grammophon 1980 (2 CD)

James Levine; Aprile Millo, Plácido Domingo, Vladimir Chernov;
Metropolitan Opera Orchestra
Sony 1992 (2 CD)

Stiffelio

Dramma lirico in 3 Akten. Text von Francesco Maria Piave nach dem Drama *Le Pasteur ou L'Evangile et le foyer* (1849) von Émile Souvestre und Eugène Bourgois. Uraufführung am 16. November 1850 in Triest, Teatro Grande.

Personen: Stiffelio, Pfarrer der Sekte der Ahasverianer (Tenor) – Lina, seine Frau (Sopran) – Stankar, ihr Vater, ein alter Oberst, Reichsgraf (Bariton) – Jorg, ein alter Pfarrer (Bass) – Raffaele di Leuthold, Edelmann (Tenor) – Dorotea, Linas Cousine (Mezzosopran) – Federico di Frengel, Linas Cousin (Tenor) – Fritz, ein Diener (stumme Rolle) – Freunde des Grafen, Anhänger Stiffelios.

Ort und Zeit: Auf Stankars Schloss bei Salzburg, zu Beginn des 19. Jahrhunderts.

Spieldauer: ca. 2 Stunden (1. Akt: ca. 60 min.; 2. Akt: ca. 30 min.; 3. Akt: ca. 30 min.).

1. Akt. Müller, der Führer der protestantischen Sekte der Ahasverianer, der wegen seiner Reformideen verfolgt wird, fand unter dem Namen Stiffelio einst auf dem Schloss eines Sektenmitglieds, des Grafen Stankar, Zuflucht und heiratete dessen Tochter Lina. Während einer längeren Abwesenheit Stiffelios ist Lina den Annäherungen Raffaele di Leutholds erlegen.

Der alte Pfarrer Jorg liest eine Bibelstelle, die eine prophetische Bedeutung für den Gang der Handlung haben wird. Der zurückkehrende Stiffelio wird von seiner Familie freudig empfangen. Linas Cousine Dorotea erzählt sogleich von einem Seemann, der Stiffelio mehrfach zu sprechen suchte. Dieser berichtet Stiffelio von einem jungen Mann, der mit einer Frau an einem der Fenster des Schlosses auftauchte und sich dann ins Wasser stürzte. Der Flüchtende verlor dabei eine Brieftasche, die Stiffelio übergeben wird. In der Erzählung erkennen sich Lina und Raffaele wieder. Dorotea, Stiffelios Amtsbruder Jorg und Federico möchten wissen, wer der junge Mann war. Doch Stiffelio will mit den amourösen Abenteuern nichts zu tun haben und wirft die Brieftasche, welche die Identität des offensichtlichen Verführers offenbaren würde, ins Feuer. Die Freunde und Gefolgsleute, die nun ebenfalls Stiffelios Rückkehr feiern, loben die Tugendhaftigkeit ihres Anführers. Stankar bemerkt Linas Unruhe und schöpft Verdacht. Als sie ihrem Gatten schriftlich ein Geständnis machen will, hält er sie davon ab, um die Familienehre nicht zu beschmutzen und Stiffelio nicht zu verletzen. In einem Buch hinterlegt Raffaele einen Brief an Lina. Als Stiffelio, der mittlerweile Federico der Verführung Linas verdächtigt, das Buch an sich reißen will, zerreißt Stankar den Brief und fordert Raffaele zum Duell heraus.

2. Akt. Am Grab ihrer Mutter sucht Lina Trost. Raffaele nähert sich ihr, doch Lina sagt sich von ihm los. Den folgenden Zweikampf Stankars mit Raffaele unterbricht Stiffelio, der die Männer versöhnen will. Als ihm aber Stankar Raffaeles Schuld enthüllt und Lina zu den Vorwürfen schweigt, greift Stiffelio selbst zum Schwert. In der Ferne ertönt der Gesang der Gemeinde. Jorg kommt, um Stiffelio für die Predigt in der Kirche abzuholen; Stiffelio bricht ohnmächtig zusammen.

3. Akt. Stankar fürchtet, dass Lina und Raffaele fliehen. Als er erfährt, dass das Paar auf das Schloss zurückgekehrt ist, schwört er Raffaele Rache. Stiffelio überreicht Lina die Scheidungsurkunde. Da die Ehe unter einem falschen Namen geschlossen wurde, ist Lina nun frei. Sie wendet sich nun an Stiffelio als ihren Beichtvater und gesteht, dass sie verführt wurde, aber immer noch ihren Gatten liebt. Stiffelio will nun an Raffaele Rache nehmen, doch Stankar kam ihm zuvor; er hat Raffaele getötet. – In der Kirche liest Stiffelio die Geschichte von der Ehebrecherin und vergibt Lina angesichts der versammelten Gemeinde.

Mit *Stiffelio* nach dem im Februar 1849 im Théâtre à la Porte St. Martin in Paris uraufgeführten Schauspiel *Le Pa-*

steur ou L'Evangile et le foyer von Eugène Bourgois und Émile Souvestre vertonte Verdi einen in der Gegenwart spielenden Stoff, wie er ihn erstmals im bürgerlichen Trauerspiel *Luisa Miller* (1849) aufgegriffen hatte und in *La Traviata* (1853) richtungweisend weiterführte. Die Wahl des Themas – ein protestantischer Pfarrer verzeiht den Ehebruch seiner Frau – sowie mehrere musikalische Kostbarkeiten sollten der Oper mehr Aufmerksamkeit sichern, als ihr heute zuteil wird.

Leo Karl Gerhartz schreibt: »Einen letzten Lernprozess für den Gesellen Verdi löste der 1850, wenige Monate vor der Premiere des Meisterstücks *Rigoletto*, uraufgeführte *Stiffelio* aus. Diese Oper ist der vielleicht radikalste Versuch des jungen Theatermanns zu erproben, welche Gegenstände, welche Formen auch von Konfliktdiskussionen, sein Operntyp zu tragen und zu ertragen in der Lage war. In *Stiffelio* geht es um die Geschichte eines evangelischen Pfarrers..., der den Ehebruch seiner Frau mit den Bibelworten verzeiht: ›Wer hübe wohl den ersten Stein?‹ Eine Sache von revolutionärer Kühnheit im katholischen Italien.«

Zu den Höhepunkten von Verdis 15. Oper zählen die Ensembles der beiden ersten Akte, das Septett *Colle cenere disperso / Mit dieser Asche sollen*, das im *Aroldo* wegfiel, und das Quartett *Santo è il loco / Heilig ist der Ort* sowie die Arie und Cabaletta des Stankar im 3. Akt (*Ei fugge! E con tal foglio / Er ist geflohen! Und mit diesem Schreiben*) und das anschließende Scheidungsduett Lina/Stiffelio *Inevitabil fu questo colloquio / Dieses Gespräch zwischen uns muss sein*.

Trotz der erfolgreichen Uraufführung, in der Gaetano Fraschini, einer von Verdis Lieblingstenören die Titelrolle verkörperte, hatte es *Stiffelio* auf den Bühnen schwer. Da sich die Zensur an dem religiösen Hintergrund stieß, kam es zu Eingriffen und 1851 in Rom zu der Umgestaltung als *Guglielmo Wellingrode* mit dem Minister eines deutschen Fürstentums im 15. Jahrhundert als Titelgestalt. Bereits nach wenigen Jahren verschwand *Stiffelio* von den Bühnen bzw. wurde durch *Aroldo* für kurze Zeit verdrängt.

Zu ersten modernen Aufführungen des *Stiffelio* kam es erst wieder 1968 in Parma (unter Peter Maag), nachdem die vollständige Partitur wieder aufgetaucht war. Es folgten Aufführungen 1972 in Neapel mit Mario del Monaco, 1972 in Köln und 1985 in Venedig (Dirigent: Eliahu Inbal, mit Rosalind Plowright und Antonio Borasorda), wo an einem Abend beide Versionen der Oper zur Diskussion gestellt wurden. In Deutschland fand 1990 in Hildesheim eine Inszenierung in der Übersetzung von Werner Seitzer statt. In den 90er-Jahren haben sich u. a. José Carreras in London (1993, Inszenierung: Elijah Moshinsky), Mailand (1995, unter Gianandrea Gavazzeni) und Wien (1996 mit Mara Zampieri; ebenfalls in der Londoner Inszenierung), Plácido Domingo in Los Angeles, New York (Inszenierung: Giancarlo del Monaco) und Madrid (alle 1995) und José Cura (London 1995) für *Stiffelio* stark gemacht und damit eine Renaissance des Werkes eingeleitet.

CD-Empfehlungen

Peter Maag; Angeles Gulin, Gastone Limarilli, Walter Alberti; Orchestra del Teatro Regio di Parma (29. Dezember 1968; Parma; live)

Oliviero de Fabritiis; Angeles Gulin, Mario del Monaco, Giulio Fioravanti; Orchestra del Teatro San Carlo di Napoli (26. Dezember 1972; Neapel; live)

Lamberto Gardelli; Sylvia Sass, José Carreras, Matteo Manuguerra; Sinfonieorchester des ORF Wien
Philips 1980

Aroldo

Dramma lirico in 4 Akten. Text von Francesco Maria Piave als Umarbeitung von *Stiffelio*. Uraufführung am 16. August 1857 in Rimini, Teatro Nuovo.

PERSONEN: Aroldo, ein sächsischer Ritter (Tenor) – Mina, seine Frau (Sopran) – Egberto, Minas Vater, ein alter Ritter und Lehnsmann von Kent (Bariton) – Briano, ein frommer Eremit (Bass) – Godvino, Glücksritter, Gast von Egberto (Tenor) – Enrico, Cousin von Mina (Tenor) – Elena, Minas Cousine (Mezzosopran) – Jorg, Aroldos Diener (stumme Rolle) – Kreuzritter, Edelleute von Kent, Knappen, Pagen, Herolde, Jäger, Sachsen, schottische Landleute.

ORT UND ZEIT: Auf einem Landsitz bei Kent, Schottland, um 1200.

SPIELDAUER: ca. 2¼ Stunden (1. Akt: ca. 55 min.; 2. Akt: ca. 30 min.; 3. Akt: ca. 25 min.; 4. Akt: ca. 30 min.).

1856 stellte Ricordi auf Verdis Wunsch den Verleih des Materials für *Stiffelio* ein, da der Komponist, dem diese Oper viel bedeutete, sie komplett umarbeiten wollte: »Einige von meinen Opern, die nicht im Umlauf sind, kann ich getrost vergessen, denn die Stoffwahl war ein Missgriff. Indessen gibt es zwei, die ich nicht gern vergessen sähe: *Stiffelio* und *La battaglia di Legnano*.« Für die von März 1856 bis Juli 1857 erfolgte Revision des *Stiffelio* benutzten Verdi und Piave die gleiche Handlung, verlegten sie aber in das Schottland zu Beginn des 13. Jahrhunderts, machten aus dem Pfarrer, der mit dem Ehebruch seiner Frau konfrontiert wird, einen Krieger und Kreuzfahrer. Im Gegensatz zu Verdis weiteren Umarbeitungen – von *I Lombardi* bis *Don Carlos* – blieb diese Revision hinter der Erstfassung der Oper zurück. Musikalisch geriet der *Aroldo* konventioneller, neu ist der 4. Akt.

Auch in dieser neuen Version war die Oper nicht erfolgreicher und verschwand um 1870 völlig von den Bühnen. Im Vergleich erweist sich die Konzeption des *Stiffelio* als einheitlicher und die Anlage der Titelrolle, eines Vorläufers des *Otello*, als überzeugender und kühner. *Aroldo* wurde 1953 in Florenz mit Antonietta Stella und Gino Penno aufgeführt, im folgenden Jahr in Hamburg mit Peter Anders in der Titelrolle, 1979 konzertant in der New Yorker Carnegie Hall (Montserrat Caballé, Gianfranco Cecchele) und 1985 in Venedig (mit Lucia Aliberti, Jesus Pinto).

CD-Empfehlungen

Tullio Serafin; Antonietta Stella, Gino Penno, Aldo Protti; Orchestra del Maggio Musicale Fiorentino (3. Juni 1953; Florenz; live)

Eve Queler; Montserrat Caballé, Gianfranco Cecchele, Juan Pons; Opera Orchestra of New York
Sony 1980 (2 CD)

Rigoletto

Melodramma in 3 Akten (4 Bildern). Text von Francesco Maria Piave nach dem Schauspiel *Le roi s'amuse* (1832) von Victor Hugo. Uraufführung am 11. März 1851 in Venedig, Teatro La Fenice.

Personen: Der Herzog von Mantua (Tenor) – Rigoletto, sein Hofnarr (Bariton) – Sparafucile, ein gedungener Mörder (Bass) – Graf von Monterone (Bariton oder Bass) – Marullo, ein Edelmann (Bariton) – Matteo Borsa, ein Höfling (Tenor) – Graf von Ceprano (Bass) – ein Gerichtsdiener (Bass) – Gilda, Rigolettos Tochter (Sopran) – Giovanna, ihre Gesellschafterin (Mezzosopran) – Maddalena, Sparafuciles Schwester (Alt) – Gräfin von Ceprano (Mezzosopran) – Ein Page (Sopran) – Edelmänner, Damen, Pagen, Hellebardiere u. a.

Ort und Zeit: Mantua und Umgebung, 16. Jahrhundert.

Spieldauer: ca. 2 Stunden (1. Akt: ca. 55 min.; 2. Akt: ca. 30 min.; 3. Akt: ca. 35 min.).

1. Akt. In seinem Palast feiert der Herzog ein rauschendes Fest. In bester Laune erzählt er von einer jungen Schönheit, die ihn so fasziniert habe, dass er ihr von der Kirche bis in ihr Haus gefolgt sei. Unverfroren verkündet er seine zynische Einstellung zu den beliebig verfügbaren Frauen (Ballade *Questa o quella / Freundlich blick ich auf diese und jene*). Damit fordert er den Zorn des Grafen Ceprano heraus, dessen Frau er mit aufdringlichen Komplimenten verfolgt. Nicht genug damit, muss Ceprano auch den Spott des frechen Hofnarren Rigoletto über sich ergehen lassen. Nachdem dieser lachend verschwunden ist, gibt Marullo die Neuigkeit zum Besten, dass der bucklige Narr schleiche sich abends immer zu seinem Liebchen. Rigoletto legt dem Herzog nahe, den Grafen einfach aus dem Weg zu schaffen und die Gräfin zu entführen. Ceprano belauscht dieses Gespräch und verpflichtet daraufhin die Höflinge zu einer ge-

meinsamen Rachetat. Das Fest wird jäh unterbrochen durch Monterone, der den Herzog, den Verführer seiner Tochter, sprechen will. Rigoletto, den Natur und Menschen deformiert und zur Rolle des spottenden und verspotteten Narren verdammt haben, verhöhnt den tief getroffenen Vater zur Belustigung des Herzogs, worauf Monterone beide verflucht. – Dieser Schwur beginnt Rigoletto in Gedanken zu verfolgen. Auf dem nächtlichen Heimweg zu seiner Tochter Gilda hat er eine Begegnung mit Sparafucile, der ihm seine Dienste als Mörder anbietet; Rigoletto habe doch sicher eine Geliebte, und falls ein Nebenbuhler im Wege sei ... Rigoletto ahnt, dass er und der Mörder sich gleichen, der eine tötet mit dem Dolch, der andere mit der Zunge (*Pari siamo / Gleich sind wir beide*). Rigoletto lässt seine Tochter, der seine ganze Liebe gilt, in behüteter Abgeschiedenheit aufwachsen. Sie weiß nichts vom Beruf ihres Vaters und darf das Haus nur zum Kirchgang verlassen. Sie begrüßen sich innig (Duett *Figlia! Mio padre / Tochter! Mein Vater!*). Ein Geräusch auf der Straße lässt Rigoletto kurz nach draußen gehen. Der im Verborgenen wartende Herzog nutzt diesen Moment und schlüpft ins Haus. Giovannas Verschwiegenheit erkauft er mit einem Beutel Geld. Rigoletto nimmt von Gilda Abschied. Aus diesen Worten erfährt der Herzog, dass sie Rigolettos Tochter ist. Allein in ihrem Zimmer, gibt Gilda ihren Empfindungen für den jungen Mann, den sie in der Kirche gesehen hat, Ausdruck. Da tritt der Herzog hervor, bestürmt sie mit Liebesbeteuerungen und stellt sich ihr als Student Gualdier Maldé vor (Duett *T'amo, t'amo / Der Gott der Liebe*). Inzwischen haben sich Ceprano und die Höflinge dem Haus genähert, um Rigolet-

Rigoletto – Catriona Smith als Gilda, Irmgard Stadler als Amme; Inszenierung von Johannes Schaaf an der Staatsoper Stuttgart (1994)

Foto: A. T. Schaefer, Stuttgart

tos vermeintliche Geliebte zu entführen. Dem Narren, den sein Argwohn nochmals zurückkehren ließ, verbinden sie die Augen und machen ihm weis, sie wollten Cepranos Frau aus dem benachbarten Haus entführen; er solle dabei die Leiter halten. Zu spät merkt Rigoletto, dass er bei der Entführung seiner eigenen Tochter mithalf.

2. Akt. In der Sorge und Bestürzung des Herzogs, der bei der Rückkehr in Gildas Haus die Geliebte nicht mehr vorfand, schwingt aufrichtige Zuneigung mit (*Ella mi fu rapita ... Parmi veder le lagrime / Sie wurde mir entrissen ... Ich seh die heißen Tränen*). Als ihm die Höflinge enthüllen, dass sie das Mädchen, das sie immer noch für die Geliebte Rigolettos halten, entführt und in seinen Palast gebracht haben, eilt er, voll Freude, zu ihr (*Possente amor / Zu ihr ruft mich die Liebe*). Rigoletto tritt zu den Höflingen. Hinter Scherzen seinen Schmerz verbergend, versucht er etwas über das Schicksal seiner Tochter herauszubekommen. Als er erfährt, dass sie im Palast ist, bricht er in rasende Verwünschungen aus (*Cortigiani, vil razza dannata / Feile Sklaven*). Betroffen hören die Höflinge, dass die Entführte seine Tochter Gilda ist. Im gleichen Moment stürzt Gilda aus dem Zimmer des Herzogs in Rigolettos Arme. Unter vier Augen bekennt Gilda, was sie mit dem Herzog verbindet (*Tutte le feste / Wenn ich an Festtagen*). Auf dem Weg zum Kerker wird Monterone vorbeigeführt, der vor dem Bild des Herzogs seinen Fluch resignierend zurücknimmt. Für Rigoletto wird diese Begegnung zum auslösenden Funken. Er schwört dem Herzog Rache, während Gilda Verzeihung für ihn erbittet (Duett *Si, vendetta / Ja, bald schlägt sie*).

3. Akt. In der Spelunke, in die Sparafucile seine Opfer zu locken pflegt, um sie dort umzubringen, vergnügt sich der Herzog unerkannt mit Sparafuciles Schwester Maddalena (*La donna è mobile / Oh, wie so trügerisch sind Weiberherzen*). Rigoletto hat Gilda hierhergebracht, um ihr die Treulosigkeit ihres Liebhabers vor Augen zu führen (Quartett

Un dí, se ben rammentomi... Bella figlia del amore / Einst, wenn ich mich recht erinnere... Holdes Mädchen, sieh mein Leiden). Anschließend schickt er Gilda in Männerkleidern nach Verona, wo sie ihn am nächsten Tag erwarten soll, und erteilt Sparafucile den Auftrag, den Herzog zu ermorden. Da ein Gewitter hereinbricht, lässt sich der Herzog ein Zimmer für die Nacht geben. Dort will ihn Sparafucile umbringen. Gilda kehrt heimlich zurück und hört, wie Maddalena ihrem Bruder den Anschlag auf den hübschen Herrn, der ihr gefällt, ausredet. Statt seiner soll der nächste Gast, der hereinkommt, getötet und dem Auftraggeber in einem Sack übergeben werden. Gilda fasst den Entschluss, sich zu opfern: sie klopft an die Tür und wird von Sparafucile sofort niedergestochen. – Gegen Mitternacht holt Rigoletto den Sack mit der Leiche ab, um ihn triumphierend in den Fluss zu werfen. Voll Entsetzen vernimmt er in der Ferne die Stimme des Herzogs, der nach dem Abzug des Gewitters die Kneipe verlässt. Er öffnet den Sack und hält den Körper seiner Tochter in den Armen, die ihn sterbend um Verzeihung bittet. Mit einem Schrei bricht Rigoletto zusammen, Monterones Fluch in den Ohren.

Gleich mehrere Arien bzw. Ensembles gehören zu den großen Erfolgen der Opernliteratur, voran die ausgelassene, machohaft-selbstbewusste Kanzone des Herzogs *La donna è mobile*, die Koloraturarie der Gilda *Caro nome*, die Arie des Rigoletto *Cortigiani, vil razza dannata* und das Quartett *Bella figlia dell'amore*, Höhepunkt des Dramas und Paradebeispiel eines Opernquartetts schlechthin. Keine der Chorszenen, die hier nur als Folie des höfischen Ambientes dienen, spielt jedoch eine musikalisch wie dramaturgisch wesentliche Rolle, wie es in Verdis frühen Werken der Fall war. Die mit *Luisa Miller* einsetzende Hinwendung zum prägnant herausgemeißelten Einzelschicksal verdichtet sich in der 1850/51 entstandenen Vater-Tochter-Tragödie *Rigoletto*, dem ersten Werk der »Trilogia popolare«. Mit Beginn seiner mittleren Schaffensperiode schuf Verdi eine Folge von unterschiedlichsten Meisterwerken. Verdi ahnte: »Dieser *Rigoletto* wird ein Wendepunkt in meinem Leben sein.«

1832 hatte Victor Hugos Schauspiel *Le roi s'amuse* (›Der König amüsiert sich‹) in Paris seine skandalumwitterte Uraufführung erlebt, die trotz der angeblichen Liberalität unter dem Bürgerkönig Louis Philippe sofort zum Aufführungsverbot (bis 1882!) des Stückes geführt hatte. Für Verdi, der in Fragen der Moral einen unerbittlich aufgeklärten Kurs verfolgte (immerhin hatte er selbst durch seine Beziehung zur Strepponi unter den kleinbürgerlichen Einstellungen in Busseto zu leiden; er nahm seine Geliebte allerdings auch nicht mit nach Venedig und Rom, wo die Opern dieser Jahre ihre Uraufführung erlebten), war diese Mischung aus sozialer und politischer Problemstellung, in der er Partei für die Ausgestoßenen ergreifen konnte, genau der richtige Stoff. Verdi über die Titelgestalt: »Ich finde es gerade wunderschön, diese Figur, äußerlich missgestaltet und lächerlich, innerlich aber leidenschaftlich und voll Liebe, darzustellen«.

Natürlich erhob die österreichische Zensur in Venedig gegen die Ermordung eines absolutistischen Herrschers Einspruch. Der Librettist Piave änderte daraufhin seinen Text, den jedoch Verdi so nicht akzeptieren wollte. Dem Komponisten ging es jedoch mehr um dramatische Dichte und Richtigkeit als um den politischen Hintergrund. Schließlich wurde die Handlung nach Mantua verlegt, aus Hugos feudalem König François I. (1494–1547) wurde der historisch nicht näher bestimmte Herzog, aus Blanche die Gilda, aus dem historisch belegten Hofnarren von Ludwig XII. und Franz I. Triboulet wurde Rigoletto; hinter dem Höfling Marullo verbirgt sich Jean Marot, der Vater von Heinrichs II. Geliebter Diane de Poitiers, Monsieur de Saint-Vallier wurde zu Monterone. Piave verkürzte das fünfaktige Drama auf drei Akte, hielt sich ansonsten möglichst getreu an Hugo, dem er auch den Text zu *La donna è mobile* entnahm, der angeblich ein historisch verbürgter Wahlspruch Franz I. war: »Souvent femme varie, bien fol est qui s'y fie«. Nach der Uraufführung kamen in zahlreichen Städten unterschiedliche Versionen auf die Bühne, in denen viele Details des Librettos gemildert und dem damaligen Moralverständnis angepasst wurden: Gilda und der Herzog trafen sich z. B. nicht in der Kirche, die Gattin des Grafen Ceprano wird zu seiner unverheirateten Schwester, Rigoletto singt am Schluss nicht *La maledizione*, sondern »O clemenza di cielo«.

Die Oper erlebte bei der Uraufführung in Venedigs Teatro La Fenice einen großen Erfolg. Da Verdi befürchtet hatte, die Kanzone des Herzogs könnte sich noch vor der Premiere als ›Schlager‹ durchsetzen, musste ihm der Tenor versprechen, sie zuvor niemals zu singen. In Paris gelangte die Oper, wegen Hugos Einspruch, erst 1857 zur Aufführung; in deutscher Sprache wurde sie erstmals 1852 in Wien gegeben. Wie der *Troubadour* und *Traviata* ist der *Rigoletto* seither nie aus dem Repertoire verschwunden. Die Titelrolle ist eine Traumrolle aller dramatischen italienischen Baritone wie Tito Gobbi, Sherill Milnes, Piero Cappuccilli, Renato Bruson, Matteo Manuguerra, Leo Nucci. Den ebenso verführerischen wie skrupellosen Herzog haben alle lyrischen Tenöre gesungen, oder zumindest führen sie die Kanzone oder die frivole Ballata *Questa o quella* in ihrem Repertoire. 1983 dirigierte Riccardo Muti an der Wiener Staatsoper erstmals die kritische Edition des *Rigoletto* (mit Edita Gruberova, Renato Bruson und Franco Bonisolli). Zu den bemerkenswerten Aufführungen gehören Yuri Ljubimows Produktion 1984 beim Maggio Musicale in Florenz (mit Georg Tichy, Peter Dvorsky und Gruberova), Inszenierungen von Jonathan Miller 1982 an der English National Opera, Harry Kupfer 1983 an der Komischen Oper, Hans Neuenfels 1986 an der Deutschen Oper Berlin (mit Ingvar Wixell) und Andreas Homoki 1994 an der Hamburgischen Staatsoper. Jean-Pierre Ponnelle realisierte eine in Mantua spielende Verfilmung der Oper (mit Gruberova, Wixell und Luciano Pavarotti).

CD-Empfehlungen

Tullio Serafin; Maria Callas, Tito Gobbi, Giuseppe di Stefano; Orchestra del Teatro alla Scala Milano
EMI 1955 (2 CD)

Rafael Kubelik; Renata Scotto, Dietrich Fischer-Dieskau, Carlo Bergonzi; Orchestra del Teatro alla Scala Milano
Deutsche Grammophon 1964 (2 CD)

Carlo Maria Giulini; Ileana Cotrubas, Piero Cappuccilli, Plácido Domingo; Wiener Philharmoniker
Deutsche Grammophon 1980 (2 CD)

Giuseppe Sinopoli; Edita Gruberova, Renato Bruson, Neil Shicoff; Orchestra dell'Accademia Nazionale Roma
Philips 1984 (2 CD)

Il trovatore
Der Troubadour

Dramma lirico in 4 Teilen. Text von Salvatore Cammarano nach dem Schauspiel *El trovador* (1836) von Antonio García Gutiérrez, vollendet von Leone Emanuele Bardare. Uraufführung am 19. Januar 1853 in Rom, Teatro Apollo.

PERSONEN: Graf von Luna, junger Edelmann in den Diensten des Fürsten von Aragon (Bariton) – Leonora, Hofdame der Prinzessin von Aragon (Sopran) – Azucena, eine alte Zigeunerin (Mezzosopran) – Manrico, Offizier des Fürsten Urgel, vermeintlicher Sohn Azucenas (Tenor) – Ferrando, Hauptmann im Heer des Grafen von Luna (Bass) – Ines, Leonoras Gesellschafterin (Mezzosopran) – Ruiz, Manricos Knappe (Tenor) – Ein alter Zigeuner (Bass) – Ein Bote (Tenor) – Anhänger des Grafen Luna, Gefolge Manricos, Gefährtinnen Leonoras, Nonnen, Zigeuner u. a.

ORT UND ZEIT: Biscaya und Aragon (Spanien), Anfang des 15. Jahrhunderts.

SPIELDAUER: ca. 2 ¼ Stunden (1. Teil: ca. 30 min.; 2. Teil: ca. 40 min.; 3. Teil: ca. 25 min.; 4. Teil: ca. 35 min.).

Vorgeschichte. Im Erbfolgestreit um den spanischen Thron kämpft der Graf von Luna auf der Seite des legitimen Kronprätendenten, des Infanten Fernando, während Manrico, der unerkannte Bruder Lunas, für den rebellierenden Grafen von Urgel streitet, der schließlich unterliegen wird.

1. Teil. *Das Duell.* Im Palast Aliaferia in Aragon ruft Ferrando die Soldaten zur Wachsamkeit auf, denn der eifersüchtige Luna versucht einen Troubadour zu fassen, der des Nachts in den Gärten des Palastes der von Luna geliebten Leonora ein Ständchen bringt. Um die Soldaten wachzuhalten, erzählt Ferrando die Geschichte von Lunas jüngerem Bruder, der in der Wiege von einer Zigeunerin verhext wurde, wie man glaubte (*Di due figli ... Abbietta zingara / Glücklich lebt' einst ein Vater von zwei Söhnen ... Eine Zi-

geunerin). Die Hexe wurde zum Tod auf dem Scheiterhaufen verurteilt, hat aber noch im Sterben ihre Tochter zur Rache aufgerufen. Und wirklich fand man bald an der Feuerstätte die halbverbrannte Leiche eines Knaben. Der alte Graf Luna habe aber immer geglaubt, dass sein Kind noch lebe und vor seinem Tod den überlebenden Sohn gebeten, nach der Zigeunertochter zu suchen. Mit Grausen vernehmen die Wachen, dass der todbringende Geist der alten Zigeunerin noch umgehe. – Im Garten des Palastes vertraut Leonora ihrer Gesellschafterin Ines an, dass sie sich bei einem Turnier in einen Ritter verliebt habe, denselben, der ihr jetzt nächtliche Ständchen darbringe (Kavatine *Tacea la notte / In der Stille der Nacht*). Als sich Luna dem Garten nähert, erklingt der Gesang des Troubadours (*Deserto sulla terra / Einsam auf Erden*). In der Dunkelheit stürzt sich Leonora in die Arme Lunas, den sie für den Troubadour hält. Als dieser näher kommt, erkennt sie den peinlichen Irrtum und bekennt ihm ihre Liebe zu dem Troubadour. Luna fordert den Namen des Rivalen – es ist Manrico, sein politischer Gegner. Vergeblich sucht Leonora die sich im Dunkel verlierenden Duellanten zu trennen.

2. Teil. *Die Zigeunerin*. In einem Zigeunerlager in der Biscaya sitzt Azucena nachdenklich am Feuer und erinnert sich an den Flammentod ihrer Mutter (*Stride la vampa / Lodernde Flammen*). Als die anderen Zigeuner weiterziehen, bleibt sie mit Manrico zurück und gibt ihm ihr Geheimnis preis: Wie ihre Mutter zum Scheiterhaufen geführt wurde (*Condotta ell'era / In Fesseln geführt*) und wie sie den Racheauftrag ausführte, indem sie das Kind raubte und in die Flammen warf – doch in ihrer Verwirrung hatte sie nicht den kleinen Grafen, sondern ihren eigenen Sohn auf das brennende Holz geworfen. Auf seine Frage, wer er denn sei, weicht Azucena aus. Manrico schildert nun sein Duell mit Luna, den er besiegt, doch auf Geheiß einer inneren Stimme nicht habe töten können. Er muss Azucena schwören, bei einer nächsten Gelegenheit Luna nicht zu

schonen und die Mutter zu rächen. Ein Bote überbringt Manrico die Nachricht, dass ihn der Graf von Urgel zum Befehlshaber der Festung Castellor ernannt habe und dass Leonora Manrico für tot halte, desgleichen in ein Kloster gehen wolle. Manrico nimmt sogleich Abschied von seiner Mutter. – Vor dem Kloster wartet Luna mit seinen Leuten, um Leonora zu entführen (*Il balen del suo sorriso / Ihres Auges heimlich Strahlen*). Manrico ist rechtzeitig dort, um das zu verhindern und seinerseits die Geliebte davonzuführen.

3. Teil. *Der Sohn der Zigeunerin.* Luna hat sein Heerlager vor Castellor errichtet, um die Burg zu stürmen. Ferrando meldet ihm die Festnahme einer Zigeunerin, die alsbald vorgeführt wird und in der er die gesuchte Mörderin erkennt. Ihr Geständnis, Manrico sei ihr Sohn, macht Lunas Triumph vollkommen. Sie soll den gleichen Tod wie ihre Mutter erleiden. – Manrico und Leonora bereiten auf Castellor ihre Trauung vor, und Manrico beruhigt die Geliebte (*Ah! Si, ben mio / Dass nur für Dich*). Ihren Gang zum Altar unterbricht Ruiz mit der Nachricht von Azucenas drohendem Feuertod. Der bestürzte Manrico gesteht Leonora, dass er der Sohn der Zigeunerin sei, dann befiehlt er den Kampf gegen Luna und zur Rettung Azucenas (*Di quella pira / Lodern zum Himmel seh ich die Flammen*).

4. Teil. *Die Hinrichtung.* Manrico ist unterlegen. Er liegt im Turm von Aliaferia gefangen. Leonora, die mit Ruiz entkommen konnte, hofft, ihn befreien zu können, wenn es sein muss, um den Preis ihres Lebens (*D'amor sull ali rosee / Auf der Liebe rosigen Schwingen*). Aus dem Inneren erklingt ein Miserere für die zum Tode Verurteilten. Luna befiehlt für den kommenden Morgen die Hinrichtung Manricos und seiner Mutter. Leonora fleht ihn vergeblich um Gnade an. Schließlich bietet sie sich ihm selbst an. Luna gibt daraufhin sofort Befehl, Manrico freizulassen. Leonora nimmt heimlich Gift. – Im Gefängnis wird Azucena von düsteren Todesvisionen gequält; mit Manrico träumt sie

von ihrer Heimat (Duett *Ai nostri monti / In unsere Heimat kehren wir wieder*). Leonora erscheint und teilt Manrico seine Freilassung mit. Sie selbst müsse bleiben. Manrico ist sich sicher, dass Leonora ihn verraten hat, als sie ihm, schon sterbend, ihr Opfer gesteht. Der Graf wird Zeuge ihres Geständnisses und erkennt Leonoras Täuschung. Unverzüglich ordnet er die Hinrichtung Manricos an und zwingt Azucena, mit anzusehen, wie Manrico durch den Henker stirbt. Mit dem Aufschrei »Er war dein Bruder!« bricht sie zusammen.

Leo Slezak, der großartige Tenor, Komödiant und Anekdotenerzähler (eines seiner autobiographischen Bücher heißt *Mein Lebensmärchen*), hat auch die Inhalte mehrerer Opern wiedergegeben. Vor dem *Troubadour* allerdings resignierte er; denn dazu fiel selbst ihm nichts ein: »Bei dieser Oper habe selbst *ich* keine Ahnung, was vorgeht!« Die mittlere Oper aus Verdis populärer Trilogie gilt als Paradebeispiel einer kruden, unverständlichen Opernhandlung, die nur durch die Musik geadelt wird; aber auch da gibt es Missverständnisse, denn das schöne hohe C in Manricos populärer Stretta (*Di quella pira / Lodern zum Himmel*) wurde von Verdi im Original nur als G notiert.

Der Titelheld ist ein jüngerer Bruder eines anderen edlen Außenseiters, des auf ein Drama Victor Hugos zurückgehenden *Ernani*. Als finsteres, romantisches Schauerstück, als Aneinanderreihung hochgepeitschter Emotionen und bizarrer Situationen – Brudermord, Selbstmord durch Gift, Zigeunerlager, Scheiterhaufen, Wahnsinn, Blutrache – bildet der *Troubadour* innerhalb Verdis Werk eine Zwischenstufe von den leidenschaftlichen Frühwerken zu den nicht weniger leidenschaftlichen, doch psychologisch menschlicher gestalteten Werken der Reife. Dabei spielt dieses so wirre Stück vor einem realen historischen Hintergrund im nordspanischen Aragon in den Jahren 1410–12, der in dem Liebes- und Eifersuchtsdrama jedoch weitgehend zurücktritt:

nach dem Tod Martins I. rivalisieren der Infant Ferdinand von Kastilien und der Herzog von Urgel um die Regentschaft. Verdi, der stets eine sichere Hand bei der Wahl seiner Textvorlagen hatte und genau wusste, was er wollte, hatte bereits Anfang 1850 Salvatore Cammarano auf das 1836 mit großem Erfolg in Madrid uraufgeführte Schauspiel *El Trovador* von Antonio García Gutíerrez (1812–1884) aufmerksam gemacht. Cammarano zögerte. Erst als sich Verdi nach einem anderen Dichter umsah, schrieb Cammarano, Librettist von *Luisa Miller* und Donizettis *Lucia di Lammermoor*, das Textbuch, das Emanuele Bardare nach Cammaranos Tod im Sommer 1852 vollendete. Noch einmal – bei *Simon Boccanegra* – griff Verdi nach einer Vorlage von Gutíerrez, mit dem Ergebnis, dass die Geschichte ebenso kompliziert und undurchsichtig blieb.

Die Uraufführung des *Troubadours* in Rom war ein Triumph des romantischen italienischen Gesangstheaters. Die elementare Kraft und fast naive Leidenschaftlichkeit dieser Gesänge machte denn auch alle Kritik an der Handlung hinfällig; noch heute hat das Resümee des Rezensenten der *Gazetta Musicale di Milano* Gültigkeit: »Verdi hat in diese Partitur die Quintessenz von allem, was Musik heißt, einströmen lassen, und das mit dem ganzen italienischen Feuer. Den vierten Akt halte ich für einen Wurf, wie er keinem ein zweites Mal gelingt.« Der *Troubadour* wurde von allen Opern Verdis am raschesten von allen Bühnen nachgespielt, 1854 erstmals in deutscher Sprache in Wien, und blieb zu seinen Lebzeiten die beliebteste und populärste, malträtiert in Parodien und auf Leierkästen. Caruso erklärte einmal, dass man für den *Troubadour* nur die vier besten Sänger der Welt nehmen müsse. Zu solch einer Annäherung kam es vielleicht 1962 bei den Salzburger Festspielen unter Herbert von Karajan mit Leontyne Price, Giulietta Simionato, Franco Corelli und Ettore Bastianini. Die zentrale Figur war für Verdi Azucena, mit der er die Reihe seiner großen dramatischen Mezzopartien eröffnete und auf eine andere Zigeunerin, Bizets Carmen, vorausweist, eine Paraderolle von Fedora Barbieri, Giulietta Simionato, ab den 70er-Jahren vor allem aber von Fiorenza Cossotto, dann Dolora Zajick, Violeta Urmana. Wenige Jahre nach einem anderen Minnesänger, Wagners Tannhäuser (1845), wurde Manrico der Prototyp des italienischen Spintotenors, eine der großen Rollen von Jussi Björling, Richard Tucker, Franco Corelli, Franco Bonisolli, Carlo Bergonzi, später Luciano Pavarotti, Plácido Domingo. Zu den szenisch forscheren Versuchen des vom Regietheater wenig tangierten Stückes gehören die Inszenierungen von István Szabo 1993 an der Wiener Staatsoper und Hans Neuenfels 1996 an der Deutschen Oper Berlin. Für Paris schuf Verdi 1857 eine französische Fassung (Text: Emilien Pacini) mit obligatem Ballett, die 1998 in Martina Franca erstmals wieder zur Diskussion gestellt wurde; es handelt sich um das einzige Ballett, für das Verdi auf Motive der restlichen Partitur zurückgriff.

CD-Empfehlungen

Renato Cellini; Zinka Milanov, Fedora Barbieri, Jussi Björling, Leonard Warren; RCA Victor Orchestra
RCA 1952 (2 CD)

Herbert von Karajan; Maria Callas, Fedora Barbieri, Giuseppe di Stefano, Rolando Panerei; Orchestra del Teatro alla Scala
EMI 1957 (2 CD)

Richard Bonynge; Joan Sutherland, Marilyn Horne, Luciano Pavarotti, Ingvar Wixell; National Philharmonic Orchestra
Decca 1976 (2 CD)

Herbert von Karajan; Leontyne Price, Elena Obraszova, Franco Bonisolli, Piero Cappuccilli; Berliner Philharmoniker
EMI 1978 (2 CD)

La Traviata

Melodramma in 3 Akten. Text von Francesco Maria Piave nach dem Schauspiel *La dame au camélias* (1852) von Alexandre Dumas d. J. und dessen gleichnamigen Roman. Uraufführung am 6. März 1853 in Venedig, Teatro La Fenice.

PERSONEN: Violetta Valéry (Sopran) – Flora Bervoix (Mezzosopran) – Annina (Sopran) – Alfredo Germont (Tenor) – Giorgio Germont, sein Vater (Bariton) – Gastone, Vicomte de Létorières (Tenor) – Baron Douphol (Bariton) – Marquis d'Obigny (Bass) – Doktor Grenvil (Bass) – Giuseppe, Violettas Diener (Tenor) – Ein Diener Floras (Bass) – Ein Dienstmann (Bass) – Damen und Herren, Freunde von Violetta und Flora, Stierkämpfer, Zigeuner, Maskierte u. a.

ORT UND ZEIT: Paris und Umgebung, um 1850 (bei Verdi: um 1700); der 1. Akt spielt im Oktober, der 2. im Januar, der 3. im Februar.

SPIELDAUER: ca. 2¼ Stunden (1. Akt: ca. 35 min.; 2. Akt: ca. 65 min.; 3. Akt: ca. 35 min.).

1. Akt. Violettas Pariser Salon. Erstmals nach einer Krankheit gibt die an Schwindsucht leidende Violetta Valéry wieder ein Fest in ihrem Haus, wozu sich die Pariser Lebewelt eingefunden hat. Der kürzlich aus der Provence nach Paris gekommene Alfredo Germont wird von Gaston, dem Vicomte de Létorières, in die Gesellschaft eingeführt. Alfredo bewundert Violetta seit langem, doch diese verhält sich dem jungen Mann gegenüber zurückhaltend. Mit Missfallen beobachtet Baron Douphol, der momentane Gönner Violettas, Alfredos Bemühungen. Gaston versucht die Situation zu retten und bittet den Baron, einen Trinkspruch anzustimmen. Als der Baron ablehnt, singt Alfredo, aufgefordert von Violetta, ein leidenschaftliches Lied auf die Liebe (Brindisi: *Libiamo ne' lieti calici / Lasst uns aus dem Kelch der Freude trinken*). Violetta stimmt in den Gesang mit ein und bekennt sich zu hemmungslosem Lebensgenuss. Nachdem sie die Gesellschaft aufgefordert hat, sich in

den Nebenraum zu begeben, erleidet Violetta einen Schwächeanfall und bleibt allein zurück. Alfredo gesteht ihr seine Liebe (*Un di felice, eterea* / *An einem glücklichen Tag*). Violetta ist betroffen und will ihn zurückweisen, doch schenkt sie ihm zum Abschied eine Kamelie mit der Bitte, sie ihr zurückzubringen, sobald sie verwelkt ist – also am kommenden Tag. Nachdem sich ihre Gäste verabschiedet haben, klingen Alfredos Worte in Violetta weiter und sie denkt über ihr sinnloses Leben nach (*È strano! È strano* / *Es ist seltsam!*). Obwohl sie sich vornimmt, die Leere in einem Rausch von Genüssen zu vertreiben (Cabaletta: *Sempre libera degg'io* / *Immer frei muss ich sein*), erwacht immer stärker ihre Liebe zu Alfredo.

2. Akt. Salon in einem Landhaus bei Paris. Violetta hat ihr bisheriges Leben hinter sich gelassen und gibt sich mit Alfredo fern von Paris unbeschwerten Monaten des Glücks hin. Alfredo genießt die Nähe zu Violetta (*De' miei bollenti spiriti* / *Dies jugendliche Feuer*), erfährt aber durch Annina, dass seine Geliebte ihren Besitz in Paris verkaufen musste, um den aufwendigen Lebensstil zu finanzieren. Er ist bestürzt und eilt davon, um sich Geld zu beschaffen (*Oh mio rimorso! Oh infamia* / *O mein Gewissen! O Schmach und Schande!*). Während Violetta eine Einladung Floras zu einem Fest in Paris erhält, lässt sich überraschenderweie Alfredos Vater bei ihr melden. Obwohl er im folgenden Gespräch rasch erkennt, dass er sich von Violetta, die er für eine leichtfertige Kurtisane hält, ein falsches Bild gemacht hat, verlangt er von ihr, auf Alfredo zu verzichten. Germont fordert dieses Opfer, da Alfredos Beziehung zu einer Lebedame die gesamte Familie kompromittiere und eine Stan-

La Traviata – Fiorella Burato als Violetta Valéry,
Santiago Calderon als Alfredo Germont;
Inszenierung von Andreas Homoki an der Oper Leipzig (1996)

Foto: Andreas Birkigt, Leipzig

desheirat von Alfredos Schwester unmöglich mache (*Pura siccome un angelo / Gott schenkte eine Tochter mir*). Violetta weigert sich zunächst. Erst als Germont ihr klarmacht, dass ihre Vergangenheit sie einholen und ihr Leben mit Alfredo belasten wird, ringt sich Violetta unter Tränen zur Trennung von Alfredo durch (Duett: *Ah! Dite alle giovine / Sagt der Jungfrau*). Sie schreibt dem Geliebten einen Abschiedsbrief, in dem sie vorgibt, seiner überdrüssig zu sein. Alfredo kehrt zurück. Violetta verschweigt ihm die Begegnung mit dem Vater und bricht heimlich nach Paris auf. Ein Bote überbringt Alfredo Violettas Abschiedsbrief. Alfredo ist erschüttert. Vergeblich versucht sein Vater, ihn zur Rückkehr in die Heimat zu bewegen (*Di Provenza il mar, il suol / Hat denn dein heimatliches Land*). Alfredo findet Floras Einladung und bricht nach Paris auf. – Auf dem Maskenfest bei Flora, zu dem die Gäste als Zigeunerinnen und Matadore verkleidet erscheinen, hat sich bereits herumgesprochen, dass Violetta ihren Geliebten verlassen hat. Umso größer ist die Überraschung, als Alfredo erscheint und sich zu den Spieltischen begibt. Kurz danach erscheint auch Violetta am Arm ihres früheren Gönners, des Baron Douphol. Am Spieltisch lässt sich Alfredo zu ausfallenden Bemerkungen über den Baron und Violetta hinreißen. Während die Gäste im Nebenzimmer das Souper einnehmen, warnt Violetta Alfredo vor dem Baron. Alfredo beschwört die Geliebte, zu ihm zurückzukehren, doch Violetta beharrt weiterhin darauf, den Baron zu lieben. Rasend vor Eifersucht ruft Alfredo die Anwesenden zusammen und wirft Violetta das gewonnene Geld vor die Füße, um sie für ihre Gunst zu bezahlen. Alle sind empört. Germont, der seinem Sohn gefolgt ist, tadelt Alfredo wegen seines schlechten Verhaltens (*Di sprezzo degno se stesso rende / Verachtung trifft den, der sich vergisst*). Alfredo bereut sein Handeln. Der Baron fordert ihn zum Duell. Violetta sinkt bewusstlos nieder.

3. Akt. In einem ärmlichen Dachzimmer fristet Violetta, schwer gezeichnet von ihrer Krankheit, ihr Dasein. Die

Freunde haben sie verlassen, die Gläubiger bedrängen sie; nur Annina ist bei ihr geblieben. Doktor Grenvil verspricht der Kranken Besserung, vertraut Annina aber an, dass ihre Herrin bald sterben wird. Violetta schickt Annina auf die Straße, um am Karnevalstag Geld unter den Armen zu verteilen. Erneut liest sie einen Brief von Georges Germont, in dem er ihr mitteilt, dass Alfredo den Baron im Duell verwundet hat. Er hat Alfredo über Violettas Opfer aufgeklärt und beide befinden sich auf dem Weg zu ihr. Zu spät! Violetta nimmt Abschied vom Leben (*Addio del passato / Lebt wohl, glückliche Träume*), auf der Straße erklingt das Lob des fetten Karnevalsochsen (*Largo al quadropede / Dem gewaltigen Stier*). Alfredo stürzt herein. Gemeinsam schwärmen die Liebenden davon, Paris zu verlassen und ein neues Leben zu beginnen (*Parigi, o cara / Paris, o Geliebte*). Noch einmal flammt Violettas Lebenswille auf (*Ah! Gran dio! Morrir si giovine / Oh, mein Gott! Sterben so jung*), doch es geht zu Ende: Annina kommt mit dem Arzt, Germont umarmt die Sterbende und Violetta überreicht Alfredo zum Abschied ihr Porträt für jenes Mädchen, das einst seine Frau sein wird. Violettas Schmerzen lassen nach, neue Kräfte kehren ihr scheinbar zurück, dann stirbt sie.

La Traviata, »die vom rechten Wege Abgewichene«, hat wirklich gelebt. Sie hieß Alphonsine Plessis, genannt Marie Duplessis (1824–1847), später La Comtesse de Perregaux, stammte aus der Normandie, arbeitete ab 1839 in Paris als Wäscherin und Putzmacherin und wurde bald von einem wohlhabenden Gönner ausgehalten, der ihr eine luxuriöse Wohnung in der Rue de l'Arcade einrichtete. Laut einer Beschreibung der Schauspielerin Judith Bernat war sie »sehr schlank, man könnte fast sagen dünn, dabei graziös und sehr zart. Sie hatte ein engelhaftes Gesicht, schwarze, sanft melancholische Augen, strahlend weißen Teint und vor allem prachtvolles Haar«. Der junge Franz Liszt, der ihr begegnet war, schrieb nach ihrem Tod: »Wenn ich an sie denke, erklingt in meinem Herzen ein geheimnisvoller Akkord aus einer antiken Elegie«.

Auch Alexandre Dumas d. J. (1824–1895), der uneheliche Sohn des *Graf von Monte Cristo*-Autors Alexandre Dumas d. Ä., lernte Marie Duplessis kennen. Die Affäre zwischen dem jungen Dichter und der Lebedame, zu deren Verehrern inzwischen zahlreiche Adlige gehörten, währte nur 1844–1845, dann konnte Dumas sie nicht länger aushalten. In dieser Zeit zeigen sich die ersten Anzeichen von Maries Krankheit, der sie schließlich in den Karnevalstagen 1847 erlag. Mit seinem Roman *La dame au camélias* erlebte Dumas im folgenden Jahr seinen Durchbruch als Schriftsteller. Gleichzeitig setzte er darin seiner Liebe zu Marie Duplessis ein Denkmal: aus Marie wurde, auch in Verehrung für den Romantiker Théophile Gautier, Marguérite Gautier, Dumas selbst verwandelte sich im Roman in Armand Duval; die Kamelien, welche die Duplessis stets in der Hand oder an der Brust getragen haben soll, sind eine Zutat des Dichters. 1852 erlebte die dramatisierte Fassung als einer der Höhepunkte des französischen Theaterschaffens in der zweiten Hälfte des 19. Jahrhunderts ihre spektakuläre Uraufführung in Paris. Jahre später prägte Dumas mit seinem Drama *Le demi-monde* (1855) den Begriff ›Halbwelt‹, dem auch das Milieu der *Kameliendame* zuzurechnen ist.

Giuseppe Verdi hatte Dumas' Roman bald nach Erscheinen kennen gelernt und erlebte während seines Parisaufenthaltes 1851/52 die Uraufführung des Schauspiels. Mit Francesco Maria Piave entwarf er im Frühjahr 1852 das szenische Gerüst der Oper, deren Komposition er innerhalb von 45 Tagen abschloss. Die Uraufführung fand am 6. März 1853 am Teatro La Fenice in Venedig statt, also bereits sechs Jahre nach dem Tod der historischen Alphonsine Plessis. Schneller hatte die Wirklichkeit nie zuvor auf die Opernbühne gefunden.

Es war ein großes Wagnis, eine Oper aufzuführen, deren Titelfigur eine Kurtisane war und deren Handlung unverbrämt in der Gegenwart spielte. Obwohl Verdi und Piave sich überreden ließen, die von Verdi selbst inszenierte Uraufführung in der Zeit Ludwigs XIV. spielen zu lassen, ist *La Traviata* das aufregend frühe Beispiel einer Zeitoper. Die Uraufführung wurde ein Fiasko; »bin ich schuld oder sind es die Sänger?«, fragte sich Verdi. Zum Teil waren es die Sänger, die dickliche Fanny Salvini-Donatelli wurde von der Galerie als »so rund wie eine Zervelatwurst« verlacht, der Sänger des Germont war unzulänglich. Erst in einer Umarbeitung hatte *La Traviata* im folgenden Jahr am Teatro San Benedetto in Venedig den Erfolg, der ihr bis heute treu geblieben ist. Die deutsche Erstaufführung fand 1857 in Hamburg statt.

Dass Verdi so viel Herzblut an diese Oper verschwendete, hat auch biographische Gründe: seit 1847 lebte er mit der Sängerin Giuseppina Strepponi, seiner ersten Abigaille, zusammen, die er erst 1859 heiratete. Die Strepponi, die zwei uneheliche Kinder hatte, galt selbst als eine Gefallene. Die hochherzige und intelligente Strepponi äußerte sich zu allen Werken Verdis, verlor jedoch nie ein Wort über *La Traviata*. Verdi trat demzufolge nicht als Moralprediger auf, sondern verklärte das Leid einer Frau, die fähig ist, über »un quart d'heure d'un commerce intime entre deux personnes d'un sexe different«, wie Balzac sagte, zu schmerzvoller Entsagung zu finden.

»Einfach und voll Leidenschaft« nannte Verdi die Kameliendame; mit den gleichen Worten lässt sich seine Musik beschreiben. Mit äußerster Sparsamkeit der Mittel und in konzentrierte, knappe Formen gedrängt, schuf Verdi ein Drama sublimer, wehmütiger Stimmungen, in dem die heiteren Ballszenen eine Atmosphäre fiebriger Rauschhaftigkeit verbreiten. Die ätherischen Klänge der Vorspiele zum 1. und 3. Akt schaffen eine Aura vom Tod umschatteter Diesseitigkeit. In den Szenen und Arien erreicht Verdi einen Höhepunkt psychologischer Menschengestaltung; vor allem von der Sängerin der Titelrolle, die eine profunde, zu dramatischer Intensität fähige Stimme mit großer Koloraturbeherrschung besitzen muss, verlangt Verdi vielfältige und neue Mittel der musikalischen Ausdruckskraft, das reicht vom sinnenfreudigen Taumel, in den sich Violetta in ihrer Finalarie des 1. Aktes stürzt, über die verzehrende Leidenschaft und blutvolle Hingabe in ihrer Auseinandersetzung mit Germont bis zu den filigranen Linien des gehauchten Abschieds vom Leben (*Addio del passato*).

Es gibt kaum eine Partie, von der Opernkenner eine derart festgelegte Vorstellung haben, wie von Violetta Valéry. Die Patti, Melba, Tetrazzini, Muzio und Ponselle, nach dem Zweiten Weltkrieg Olivero, Callas, Scotto, Zeani, Güden, Moffo, Cotrubas und in den 1980er- und 90er-Jahren Edita Gruberova, Julia Varady, Cecilia Gasdia, Tiziana Fabbricini und Angela Gheorghiu haben die Kameliendame auf der Bühne gesungen. Sarah Bernhardt, Eleonora Duse und Adele Sandrock haben das Stück von Dumas d. J. gespielt, die Garbo, Edwige Feuillère, Margot Fonteyn und Marcia Haydée haben sie im Film und auf der Ballettbühne dargestellt. Teresa Stratas war die Traviata in Zeffirellis berühmtem Opernfilm; in der an Pariser Schauplätzen entstandenen Verfilmung von Giuseppe Patroni Griffi (2000) war Eteri Gvazava die Violetta (Dirigent: Zubin Mehta).

Der Mythos der Kameliendame lebt als modernes Märchen fort – z. B. im Hollywood-Kino als »Pretty Woman«, doch es war Verdis Musik, die, wie Marcel Proust meinte, der Kameliendame den Stil verlieh, der ihr fehlte, denn »die Traviata greift an die Seele«.

CD-Empfehlungen

Arturo Toscanini; Licia Albanese, Jan Peerce, Robert Merrill; NBC Symphony Orchestra
RCA 1946 (2 CD)

Carlo Maria Giulini; Maria Callas, Gianni Raimondi, Ettore Bastianini; Orchestra del Teatro alla Scala Milano (19. Januar 1956; Mailand; live)
EMI (2 CD)

Franco Ghione; Maria Callas, Alfredo Kraus, Mario Sereni; Orquesta Sinfonica del Teatro Nacional de San Carlos Lisboa (27. März 1958)
EMI (2 CD)

Carlos Kleiber; Ileana Cotrubas, Plácido Domingo, Sherrill Milnes; Bayerisches Staatsorchester
Deutsche Grammophon 1977 (2 CD)

Richard Bonynge; Joan Sutherland, Luciano Pavarotti, Matteo Manuguerra; National Philharmonic Orchestra
Decca 1981

Georg Solti; Angela Gheorghiu, Frank Lopardo, Leo Nucci; Orchestra of the Royal Opera House Covent Garden
Decca 1995 (2 CD)

Les vêpres siciliennes
Die sizilianische Vesper

Grand opéra in 5 Akten. Text von Eugène Scribe und Charles Duveyrier nach ihrem Libretto *Le duc d'Alba* (1839). Uraufführung am 13. Juni 1855 in Paris, Opéra, Salle de la rue Le Peletier. – Erstaufführung der italienischen Fassung als *I vespri siciliani* in der Übersetzung von Arnoldo Fusinato am 26. Dezember 1855, Parma.

PERSONEN: Guy de Montfort / Guido di Montforte, Gouverneur von Sizilien (Bariton) – Sire de Béthune und Comte de Vaudemont, zwei französische Offiziere (Bässe) – Henri/Arrigo, ein junger Sizilianer (Tenor) – Jean Procida / Giovanni da Procida, sizilianischer Arzt (Bass) – Herzogin Hélène/Elena, Schwester des Herzogs Friedrich von Österreich (Sopran) – Ninetta, ihre Dienerin (Alt) – Danieli, ihr Diener (Tenor) – Thibault/Tebaldo und Robert/Roberto, zwei französische Soldaten (Tenor, Bass) – Mainfroid/Manfredo, ein Sizilianer (Tenor) – Sizilianerinnen und Sizilianer, französische Soldaten, Mönche u. a.

ORT UND ZEIT: Palermo und Umgebung, 1282.

SPIELDAUER: ca. 3½ Stunden (inkl. Ballett; 1. Akt: ca. 35 min.; 2. Akt: ca. 35 min.; 3. Akt: ca. 60 min.; 4. Akt: ca. 40 min.; 5. Akt: ca. 25 min.).

1. Akt. Ouvertüre (Sinfonia). Die Franzosen haben Sizilien erobert und führen unter dem Statthalter Guy de Montfort ein strenges Regiment. Auf der Gran' Piazza von Palermo treten die Gegensätze zwischen patriotischen Sizilianern und auftrumpfendem französischen Militär offen zutage. Die Herzogin Elena, deren Bruder von den Franzosen hingerichtet wurde, erwidert Robertos anmaßende Aufforderung, ein Lied auf die Sieger anzustimmen, mit einem die Revolte der Palermer anfeuernden Freiheitslied (*Corraggio, su, corraggio / Zuversicht, komm, Zuversicht*). Nur der Auftritt Montforts verhindert eine Rebellion. Er nimmt Arrigo, den gerade freigelassenen Geliebten Elenas, beiseite

und versucht, ihn für die Sache der Franzosen zu gewinnen, was der leidenschaftliche Patriot stolz zurückweist. Montfort wird deutlich: Arrigo soll Elena aufgeben und verschwinden.

2. Akt. Procida, einer der Anführer der sizilianischen Freiheitsbewegung, kehrt nach Palermo zurück (*O tu Palermo / O mein Palermo*). Vor der Stadt bespricht er mit Arrigo und Elena einen Coup gegen die Franzosen, der alle noch zögernden Sizilianer zum Aufstand anstacheln könnte. Béthune überbringt Arrigo eine Einladung des Gouverneurs, und als Arrigo sie ausschlägt, lässt er ihn abführen. Der Coup ist infam: Procida hetzt französische Soldaten zum Brautraub bei einer Hochzeitsfeier von zwölf ländlichen Paaren auf. Dieser Raub erregt bei allen Sizilianern Abscheu und Wut auf die Franzosen.

3. Akt. Aus hinterlassenen Zeilen einer Geliebten hat Montfort erfahren, dass Arrigo sein Sohn ist. Den Gouverneur erfüllen deshalb ganz neue Gefühle für den Gegner (*In braccio alle dovizie / Dem Reichtum überlassen*), und er gibt sich dem tief verwirrten Arrigo als Vater zu erkennen (Duett *Quando al mio sen / Als ehrliches Mitleid*). Immerhin warnt Arrigo auf dem anschließenden Maskenfest, in dessen Mittelpunkt eine Darbietung des Balletts »Die vier Jahreszeiten« steht, den Vater vor einem geplanten Anschlag. Als anschließend die Verschwörer, Elena an der Spitze, mit gezücktem Dolch auf Montfort eindringen, zögert er nicht, sich schützend vor ihn zu stellen. Es kommt dadurch zur Festnahme von Elena, Procida und Danieli, die Arrigo als Verräter verfluchen.

4. Akt. Arrigo kommt in das Gefängnis, in dem seine Freunde eingekerkert sind (*Giorno di pianto / Tag der Tränen*) und bittet Elena um Vergebung, die sie ihm erst gewährt, als er ihr eröffnet, dass Montfort sein Vater ist. Obwohl er sich Montfort nicht weiter verpflichtet glaubt und sich wieder ganz der Sache der Sizilianer widmen will, lässt er sich vom Gouverneur förmlich zur Anerkennung als

Sohn drängen, denn das ist Montforts Bedingung für eine Begnadigung der Verschwörer und seine Einwilligung zur Hochzeit Arrigos mit Elena. Procida und die Sizilianer schwören, den Kampf gegen die Unterdrücker fortzusetzen.

5. Akt. Vor der Vermählung tritt Procida auf Elena zu und vertraut ihr an, dass man beim Geläut der Hochzeitsglocken losschlagen werde. Elena befindet sich in einem Konflikt, sie will die Freunde nicht verraten und kann dem verzweifelten Arrigo, um ihn zu retten, nur den gemeinsamen Gang zum Altar verweigern. Doch Montfort tritt dazwischen und lässt die Glocken läuten. Auf dieses Zeichen stürmen die Sizilianer heran und metzeln die Franzosen nieder. Auch Arrigo wird getötet. Elena stößt sich selbst einen Dolch ins Herz.

Den Stoff für diese als musikalischer Höhepunkt der Weltausstellung von 1855 geplanten Oper hatte Scribe vorgeschlagen (12 Jahre später schuf Verdi mit *Don Carlos* neuerlich ein Werk für die Pariser Weltausstellung). Scribe und sein Mitarbeiter Duveyrier hatten unter dem Titel *Le duc d'Alba* bereits 1839 für Donizetti eine erste Fassung erarbeitet, und beide Autoren mussten nach Donizettis Tod 1848 fürchten, dass ihre Arbeit ungenutzt liegen bleibe. Nachdem Verdi zuvor u. a. einen *Libussa*-Stoff abgelehnt hatte, akzeptierte er den Vorschlag unter der Bedingung, dass die Handlung aus den Niederlanden in den Süden verlegt würde. Da Scribe einer Verlagerung nach Neapel nicht zustimmen wollte, da sich dadurch Assoziationen zu *La muette de Portici* (1828) ergeben könnten, einigte man sich schließlich auf Sizilien vor dem Hintergrund der »Sizilianischen Vesper«, jener Massenermordung von rund 2000 französischen Besatzern durch die Sizilianer am 30. März 1282 in Palermo. Andererseits erinnert die »Sizilianische Vesper« an das Blutvergießen der »Bartholomäusnacht« in Meyerbeers *Les huguenots*, zu denen Scribe ebenfalls den Text geliefert hatte.

Die Elena der Oper entspricht der österreichischen Herzogin Helena, deren Bruder Friedrich von den Franzosen hingerichtet wurde, dagegen war der historische Guy de Montfort nicht Gouverneur auf Sizilien. Der Procida ist einem zwiespältigen Charakter, einem Arzt am Hof der Hohenstaufen, politischen Intriganten und patriotischen Drahtzieher, nachgebildet.

Neu war für Verdi in *Les vêpres siciliennes* die Einbindung großer persönlicher Schicksale und Leidenschaften in ein politisches bzw. historisches Ambiente. Entsprechend der Tradition der französischen Grand opéra verlagerte er den Hauptakzent auf die breit angelegten Chor- und Ballettszenen, die über den Rahmen koloristischer Einlagen hinaus dramaturgisches Gewicht erhielten. Verdi machte zu diesem Zweck genaue musikalische Vorstudien. Einzig das Ballett »Die vier Jahreszeiten«, mit rund 30 Minuten Verdis längste Ballettkomposition, stellt eine retardierende, die Handlung sprengende Zutat dar, die deshalb heute eher auf der Ballett- als auf der Opernbühne anzutreffen ist; der Choreograph der Uraufführung war Marius Petipa. In den 1970er-Jahren schuf u. a. Jerome Robbins daraus ein eigenes Ballett.

Neben den dramatischen Koloraturfeuerwerken der Elena in ihrer Auftritts-Cabaletta, dem Bolero des 5. Aktes (*Mercé, dilette amiche / Dank euch, geliebte Freundinnen*) sowie in ihrer lyrischen Romanze im 4. Akt (*Arrigo! Ah parli a un core / Arrigo! Ach sprich zu einem Herzen*), den beiden Duetten zwischen Arrigo und Montfort sowie dem auf König Philipp im *Don Carlos* vorausweisenden Monolog Montforts zu Beginn des 3. Aktes hat sich vor allem Procidas Gruß an die Heimat *O tu Palermo* wunschkonzerthafte Präsenz bewahrt. Höhepunkte sind das Concertato des 1. und 3. Aktes, das Quartett im 4. Akt (*Addio, mia patria / Lebwohl, Vaterland*) und das Terzett (*Al tuo cor / Deinem Herzen*) im 5. Akt.

Das Publikum und die Kritik, voran Hector Berlioz, waren von Verdis erster originärer französischer Schöpfung –

nach den zu *Jérusalem* umgearbeiteten *I Lombardi* – begeistert. Auf den internationalen Bühnen hielt sich die Oper allerdings nur in ihrer italienischen, am 26. Dezember 1855 in Parma erstaufgeführten Fassung von Arnoldo Fusinato. Erst nach der italienischen Unabhängigkeit wurde die Oper als *I vespri siciliani* aufgeführt; zuvor spielte man sie u. a. als *Giovanna da Guzman*. Wiederaufnahmen erlebte das Werk erst wieder innerhalb der deutschen Verdi-Renaissance der 1920er-Jahre, als u. a. Erich Kleiber (1932 in Berlin) sich dafür einsetzte; die deutsche Erstaufführung hatte bereits 1857 in Darmstadt stattgefunden. Zu den berühmten Produktionen gehört eine Inszenierung 1951 in Florenz und Mailand mit Maria Callas als Elena (Dirigent: Erich Kleiber); mit dem Debüt der Callas als Regisseurin wurde 1973 das Teatro Regio in Turin eröffnet. Riccardo Muti nahm sich der Oper in einer brillanten Aufführung 1978 in Florenz an (mit Renata Scotto, Renato Bruson, Veriano Luchetti und Ruggero Raimondi) sowie 1989 in Mailand (mit Cheryl Studer, Chris Merritt, Giorgio Zancanaro). Luca Ronconi inszenierte das Werk 1986 in Bologna (unter Riccardo Chailly mit Susan Dunn, Luchetti, Leo Nucci), Christopher Alden 1994 in San Francisco (mit Carol Vaness, Chris Merritt, Timothy Noble, James Morris), Herbert Wernicke 1998 in Wien (mit Carol Vaness, Johann Botha, Renato Bruson, Ferruccio Furlanetto).

Der Stoff wurde auch von Friedrich August Wilhelm Barth (1841), Peter Joseph von Lindpaintner (1843) und Donizetti (*Il Duca d'Alba*, 1882, postum uraufgeführt) vertont.

CD-Empfehlungen

James Levine; Martina Arroyo, Plácido Domingo, Sherrill Milnes, Ruggero Raimondi; New Philharmonia Orchestra (ital. Fass.)
RCA 1974 (3 CD)

Riccardo Muti; Cheryl Studer, Chris Merritt, Giorgio Zancanaro, Ferruccio Furlanetto; Orchestra del Teatro alla Scala Milano (ital. Fass.)
EMI 1990 (3 CD)

Simon Boccanegra

Melodramma in 1 Prolog und 3 Akten. Text von Francesco Maria Piave und Giuseppe Montanelli nach dem Schauspiel *Simón Boccanegra* (1847) von Antonio García Gutíerrez. Uraufführung am 12. März 1857 in Venedig, Teatro La Fenice. – Erstaufführung der Neufassung mit dem revidierten Text von Arrigo Boito am 24. März 1881 in Mailand, Teatro alla Scala.

PERSONEN: (Prolog) Simon Boccanegra, Korsar im Dienst der Republik (Bariton) – Jacopo Fiesco, Edelmann aus Genua (Bass) – Paolo Albiani, Genueser Goldschmied (Bariton) – Pietro, Mann aus dem Volk (Bariton). (Handlung) Simon Boccanegra, Erster Doge von Genua (Bariton) – Maria Boccanegra, seine Tochter, unter dem Namen Amelia Grimaldi (Sopran) – Jacopo Fiesco, unter dem Namen Andrea (Bass) – Gabriele Adorno, Edelmann aus Genua (Tenor) – Paolo Albiani, bevorzugter Höfling des Dogen (Bariton) – Pietro, Höfling (Bariton) – Hauptmann der Armbrustschützen (Tenor) – Magd Amelias (Sopran) – Soldaten, Seeleute, Volk, Senatoren, Diener Fiescos, Hofstaat des Dogen, Gefangene u. a.

ORT UND ZEIT: Genua und Umgebung, im Jahr 1339 (Prolog); die Handlung spielt 25 Jahre später.

SPIELDAUER: ca. 2½ Stunden (Prolog: ca. 25 min.; 1. Akt: ca. 60 min.; 2. Akt: ca. 30 min.; 3. Akt: ca. 30 min.).

Prolog. Auf einem Platz vor dem Palast der Fieschi und vor der Kirche San Lorenzo treffen Paolo Albiani und Pietro im Dunkel der Nacht die nicht ganz uneigennützige Vereinbarung, bei der Wahl des neuen Dogen ihren Einfluss zugunsten des Korsaren Simon Boccanegra geltend zu machen. Boccanegra selbst zeigt wenig Neigung, erster Mann im Staat zu werden, aber Paolo gewinnt ihn für diese Aufgabe mit dem Hinweis, dann könne ihm Jacopo Fiesco nicht länger die Hand Marias, Simons Geliebter und Mutter einer gemeinsamen Tochter, aus Standesdünkel verweigern. Noch ahnt Boccanegra nicht, dass die von ihrem Vater streng im Haus gehaltene Maria gerade aus Kummer gestorben ist. Ihren Tod beklagt der eben aus seinem Palast tretende Jacopo Fiesco (Cavatina *Il lacerato spirito / Müde, den Geist von Gram verzehrt*) voll Hass gegen ihren Verführer Boccanegra, der nun auf ihn zugeht mit der Bitte um Versöhnung. Dazu wäre Fiesco bereit, wenn Boccanegra ihm seine Enkelin, die wie ihre Mutter Maria heißt, überließe. Die aber ist, wie Simon gestehen muss, unter mysteriösen Umständen entführt worden. Kalt wendet sich Fiesco von ihm ab. Daraufhin geht Boccanegra in den Palast und findet dort seine Geliebte tot. Dem gänzlich verstörten und auf die Piazza zurückkommenden Korsaren huldigen die Genueser als neuem Dogen ihrer Wahl.

1. Akt. 25 Jahre später. Maria Boccanegra, einst als Findelkind in einem Kloster abgegeben, wurde von den Grimaldi aufgenommen und lebt als Amelia Grimaldi im Palast der Grafen außerhalb von Genua. Jacopo Fiesco hat sie dann, als die Grimaldi geächtet wurden, adoptiert und wacht unter dem Namen »Andrea« über sie. Sie erwartet nun ihren Geliebten Gabriele Adorno (*Come in quest'ora bruna / Dämmernd in bleicher Helle*) und warnt ihn, sich an einer Verschwörung des Adels gegen den Dogen Boccanegra zu beteiligen. Sie gibt ihm zu verstehen, dass der Doge sie seinem Favoriten Paolo zur Ehe geben will, und drängt auf eine baldige Heirat. Andererseits erfährt Gabriele von Andrea, dass Amelia in Wahrheit ein Findelkind ist. Das Geständnis lässt ihn in seiner Treue zu ihr nicht schwanken. Der Doge erscheint und überreicht Amelia die Urkunde der Begnadigung der Grafenfamilie Grimaldi. Um seiner Brautwerbung zuvorzukommen, erzählt sie ihm, wer sie in Wahrheit ist, ein Waisenkind, und zeigt ihm das Medaillonbild ihrer Mutter. Es ist Maria, die Geliebte Simons – der Doge und Amelia sind Vater und wieder gefundene Tochter (Duett *Figlia! A tal nome il palpito / Tochter! Bei dieses Wortes Klang*). Auf ein Wort des Dogen an Paolo, dass er auf Amelia verzichten muss, beschließt dieser die

Entführung Amelias. – Während einer Senatssitzung im Ratssaal spricht sich der Doge, entgegen allen anderen, für einen Frieden mit Venedig aus; beide Staaten hätten schließlich ein gemeinsames Vaterland. Das Volk drängt in den Saal und fordert Rache für einen von Gabriele Adorno verübten Mord. Gabriele selbst bekennt, einen gewissen Lorenzino getötet zu haben, der im Auftrag eines mächtigen Mannes Amelia entführen wollte. Gabriele hält den Dogen für den Auftraggeber und will sich mit dem Schwert auf ihn stürzen. Unvermutet tritt Amelia dazwischen. Sie trennt beide und bittet für Gabriele um Gnade, die Boccanegra gewährt. Einen plötzlich aufflammenden Streit zwischen Patriziern und Volkspartei schlichtet er kraft seiner Autorität *(Plebs! Patrizi! Popolo! / Plebejer, Patrizier, Narrenvolk)*. Er ahnt, dass Paolo der Anstifter zur Entführung ist, und befiehlt ihm – dem Vertrauensmann der öffentlichen Sicherheit –, einen Fluch auf den Schuldigen auszusprechen. Voll Grausen verflucht Paolo sich selbst. Das Volk stimmt ein.

2. Akt. Paolo findet Gelegenheit, in ein Trinkgefäß des Dogen ein langsam wirkendes tödliches Gift zu gießen. Dann versucht er, nacheinander Fiesco und Gabriele zu einem Mord an Simon anzustiften. Fiesco lehnt ab, nicht aber Gabriele, da Paolo ihm einredet, Amelia sei die Geliebte des Dogen. Amelia gesteht ihrem Vater ihre Liebe zu Gabriele, seinem Feind, und erreicht mit ihren Bitten, dass er ihn zu begnadigen verspricht. Ein Trunk aus dem vergifteten Becher lässt den Dogen rasch in Schlaf sinken, wodurch sich Gabriele die Gelegenheit böte, ihn zu erdolchen. Doch Amelia hält ihn zurück. Von dem erwachenden Boccanegra erfährt Gabriele, dass Amelia des Dogen Tochter ist. Entsetzt bereut er sein Vorhaben und gelobt, für Simon Boccanegra zu kämpfen, während sich die rebellierende Partei des Patriziats schon dem Palast nähert.

3. Akt. Die Verschwörung wurde niedergeschlagen. Boccanegra begnadigt Fiesco, aber Paolo wurde zum Tode verurteilt. Vor ihm werde der Doge selbst sterben, lässt Paolo

höhnisch Fiesco wissen, durch sein Gift nämlich. Und so stellt sich Fiesco seinem schon von der Wirkung des Giftes gezeichneten Gegner triumphierend entgegen. Boccanegra erkennt in Fiesco den Vater seiner Geliebten und bietet ihm die Versöhnung an, da die verloren geglaubte Enkelin gefunden ist. Fiesco geht gerührt darauf ein. Als letzte Tat bestimmt der Doge Gabriele Adorno zu seinem Nachfolger. Fiesco verkündet dem Volk den Tod des Dogen.

Sechs Jahre nach dem *Troubadour* griff Verdi in seiner großen politischen Parabel *Simon Boccanegra* erneut auf ein Drama des Spaniers Gutíerrez zurück. Die politische Realität der unmittelbaren Gegenwart, der Epoche des um eine unabhängige italienische Republik ringenden Risorgimentos, spiegelt Verdi in der Geschichte Simon Boccanegras, der 1339 in Genua auf Wunsch des Volkes zum ersten Dogen dieser kleinsten Provinz Italiens gewählt wurde. Neben der Handlung um Simons Tochter Amelia und deren Liebesbeziehung zum Genueser Edelmann Adorno steht für Verdi die Aussöhnung der politischen Gegner, des ehemaligen Korsaren Simon Boccanegra und des adeligen Jacopo Fiesco, im Vordergrund. Der historische Boccanegra legte 1344 sein Amt nieder, wurde 1356 erneut zum Dogen gewählt und im März 1363 angeblich von seinen Feinden während eines Empfangs für den zyprischen König vergiftet. Sein Nachfolger als zweiter Doge der Stadtrepublik Genua wurde Gabriele Adorno.

Am 15. Mai 1856 schloss Verdi mit dem Teatro La Fenice in Venedig einen Vertrag über eine Oper, die in der Karnevalszeit 1856/57 aufgeführt werden sollte. Verdi wählte den *Simón Boccanegra* von Antonio García Gutíerrez und entwarf in Paris einen Text, den Francesco Maria Piave gegen Ende des Jahres 1856 als Libretto vollendete. Die spanische Version des Vornamens des Titelhelden, allerdings ohne Akzent auf dem »Simon«, blieb bestehen, obwohl der Doge im Libretto als »Simone« angesprochen wird! Piaves Libretto wurde auf Verdis Wunsch noch von dem im Pariser Exil lebenden Juraprofessor Giuseppe Montanelli überarbeitet. Im Februar 1857 reiste Verdi nach Venedig, um die Uraufführung vorzubereiten, außerdem musste er noch einen Akt komponieren und die gesamte Oper instrumentieren. Die Oper mit ihrer düsteren, tiefschwarzen, ausweglosen Atmosphäre und ihrem pessimistischen Ausgang, für die Verdis Musik ebensolche Farben fand, fiel durch.

Verdi: »Der *Boccanegra* hat in Venedig einen fast ebenso großen Misserfolg gehabt, wie jener der *Traviata* war. Ich glaubte etwas leidlich Gutes gemacht zu haben, aber jetzt scheint es, als ob ich mich getäuscht habe.« *Simon Boccanegra* war die letzte von fünf Opern, die Verdi für Venedig komponiert hatte. Auch an der Scala fand die Oper 1859 kein Gefallen.

Nachdem das Werk nahezu aus dem Repertoire der Bühnen verschwunden war, gelang es Verdis Verleger Giulio Ricordi, den Komponisten 24 Jahre später, im Herbst 1880, zu einer Unterbrechung am *Otello* und zur Umarbeitung des *Boccanegra* zu überreden. Gemeinsam mit Arrigo Boito nahm Verdi unzählige minutiöse Änderungen vor, darunter vor allem die neu hinzugekommene große Ratsszene am Ende des 1. Aktes mit dem auf zwei Briefen Francesco Petrarcas von 1351/52 (*Familiarum rerum liber* 14,5; 11,8) basierenden Text, in denen er Venedig und Genua zum Frieden auffordert (*Plebe! Patrizi! Popolo*). Neu ist auch der Monolog Paolos im 2. Akt. In dieser Form errang die Oper am 24. März 1881 an der Mailänder Scala – mit den *Otello*-Protagonisten Victor Maurel und Francesco Tamagno als Boccanegra und Gabriele Adorno – einen respektablen Erfolg.

Eigentliche Wertschätzung und weltweite Anerkennung fand die Oper erst im 20. Jahrhundert. Eine wesentliche Rolle spielte im deutschsprachigen Raum Franz Werfels Übersetzung (Wien 1930 unter Clemens Krauss); Krauss dirigierte die Oper 1930 auch in München (dt. von Hans

Swarowsky). Die New Yorker Erstaufführung fand 1932 (mit Lawrence Tibbett), die Londoner erst 1946 statt, 1961 brachte Gianandrea Gavazzeni den *Boccanegra* bei den Salzburger Festspielen heraus (mit Tito Gobbi).

Über die Titelrolle, für die er keine Soloarie, sondern nur deklamatorische und dialogische Szenen komponierte und die damit ganz aus dem Rahmen der Opernkonvention fällt, schrieb Verdi: »Es ist eine anstrengende Partie, wie diejenige des Rigoletto, aber tausendmal schwerer als diese.« Ähnliches gilt für die anderen Rollen: »In der *Macht des Schicksals* sind alle Partien schon gestaltet, bei *Boccanegra* müssen sie alle erst gestaltet werden: Also: Große Darsteller vor allen Dingen!« Die bedeutendsten Interpreten des Dogen waren in den letzten Jahren Piero Cappuccilli, Leo Nucci, Franz Grundheber, Vladimir Chernov, doch vor allem Renato Bruson. Den Fiesco, mit dem Verdi erstmals dem Basso profondo eine Hauptaufgabe übertrug, sangen u. a. Enzo Pinza, Cesare Siepi, Boris Christoff, Nicolai Ghiaurov, Ruggero Raimondi und Ferruccio Furlanetto. Zu den zentralen Aufführungen gehört Giorgio Strehlers Inszenierung 1976 an der Mailänder Scala (unter Claudio Abbado), die Produktionen Otto Schenks (1971) und Tim Alberys (1995) an der Bayerischen Staatsoper, von Gilbert Deflo (1990 in Brüssel) und Elijah Moshinsky (1991 in London unter Georg Solti).

CD-Empfehlungen

Gabriele Santini; Victoria de los Angeles, Tito Gobbi, Giuseppe Campora, Boris Christoff; Orchestra del Teatro dell'Opera di Roma
EMI 1958 (2 CD)

Gianandrea Gavazzeni; Katia Ricciarelli, Piero Cappuccilli, Plácido Domingo, Ruggero Raimondi; RCA Orchestra
RCA 1973 (2 CD)

Claudio Abbado; Mirella Freni, Piero Cappuccilli, José Carreras, Nicolai Ghiaurov; Orchestra del Teatro alla Scala Milano
Deutsche Grammophon 1977 (2 CD)

Georg Solti; Kiri Te Kanawa, Leo Nucci, Giacomo Aragall, Paata Burchuladze; Orchestra del Teatro alla Scala Milano
Decca 1989 (2 CD)

Un ballo in maschera
Ein Maskenball

Melodramma in 3 Akten. Text von Antonio Somma nach dem Libretto zu *Gustave III ou Le bal masqué* (1833) von Eugène Scribe. Uraufführung am 17. Februar 1859 in Rom, Teatro Apollo.

PERSONEN: Riccardo/Richard, Graf von Warwich, Gouverneur von Boston (Tenor) – Renato/René, ein Kreole, sein Sekretär (Bariton) – Amelia, Renatos Frau (Sopran) – Ulrica, eine schwarze Wahrsagerin (Alt) – Oscar, Page (Sopran) – Silvano/Silvan, Matrose (Bariton) – Samuel und Tom, Gegner Riccardos (Bässe) – Ein Richter (Tenor) – Amelias Diener (Tenor) – Gesandte, Offiziere, Seeleute, Wachen, Volk, Diener, Edelleute, Anhänger Toms und Samuels, tanzende Paare u. a.

ORT UND ZEIT: Boston und Umgebung, Ende des 17. Jahrhunderts.

SPIELDAUER: ca. 2¼ Stunden (1. Akt: ca. 55 min.; 2. Akt: ca. 30 min.; 3. Akt: ca. 45 min.).

1. Akt. Riccardo, der Gouverneur der Stadt, hält seine morgendliche Audienz ab. Unter vielen Besuchern jeden Standes befinden sich Samuel und Tom an der Spitze einer kleinen Gruppe von Verschwörern, die ihre Stunde aber noch nicht für gekommen sehen. Auf einer Liste der anderntags zum Maskenball eingeladenen Gäste, die ihm der Page Oscar überreicht, entdeckt Riccardo zu seiner Freude den Namen Amelias, die er heimlich liebt (*Le rivedrà nell'estasi / Ha, welch hohe Wonne*). Renato, Amelias Mann und sein engster Freund, ahnt nichts von dieser Liebe; er tritt mit einer Warnung vor Riccardos Gegnern auf ihn zu (*Alla vita che t'arride / Für dein Glück und für dein Leben*). Doch Riccardo will keine Namen hören, er vertraut auf seine Beliebtheit beim Volk. Der Oberrichter tritt ein. Er legt Urteile zur Unterzeichnung vor, darunter die Verbannung der Wahrsagerin Ulrica. Oscar setzt sich für die an-

gebliche Zauberin ein; sie halte es zwar mit dem Teufel, aber ihre Vorhersagen hätten schon vielen geholfen (*Volta la terra / Mit starrem Angesicht*). Aus einer plötzlichen Laune heraus beschließt Riccardo, sich selbst ein Urteil zu bilden, und fordert sein Gefolge auf, ihm, verkleidet als einfache Leute, in die Hütte Ulricas zu folgen. – Dort zelebriert die schwarze Wahrsagerin vor einer großen Menge ihre Zauberkünste (*Re dell'abisso / König des Abgrunds, zeige dich*). Als Erster will der Matrose Silvano wissen, ob seine Treue zum Gouverneur belohnt werde. Ulrica verheißt ihm Reichtum. Heimlich steckt Riccardo dem Matrosen Geld und ein Offizierspatent zu, so dass Silvano, als er in die Tasche greift, um die Wahrsagerin zu bezahlen, diese Vorhersage erfüllt sieht. Da erscheint die verschleierte Amelia, um heimlich Ulricas Rat zu erbitten. Die Wahrsagerin schickt die Übrigen hinaus und hört Amelia allein an. Nur Riccardo bleibt zurück und belauscht die beiden. Amelia will ein Mittel gegen ihre verbotene Liebe zu Riccardo wissen. Ulrica rät ihr, noch heute um Mitternacht auf dem Friedhof unter dem Galgen ein bestimmtes Kraut zu pflücken, und entlässt sie. Dann drängen die verkleideten Kavaliere herein und mit ihnen Riccardo, der nun seine Zukunft erfahren will (*Di' tu se fedele / O sag, wenn ich fahre*). Entsetzt müssen alle hören, dass der Gouverneur durch die Hand eines Freundes getötet werden wird, und zwar von demjenigen, der ihn heute als Erster mit Handschlag begrüßt. Im gleichen Augenblick erscheint Renato. Riccardo reicht seinem Freund zum Gruß die Hand und gibt sich lachend in seiner Verkleidung zu erkennen (*E scherzo od è follia / Ist Scherz oder Wahnsinn*). Ulrica, deren düstere Warnungen er in den Wind schlägt, wirft er eine Geldbörse zu.

2. Akt. Um Mitternacht ist Amelia am angegebenen Ort auf der Suche nach dem Zauberkraut (*Ecco l'orrido campo / Hier ist der grauenvolle Ort*). Riccardo ist ihr heimlich gefolgt; er gesteht ihr seine Liebe und erhält das Geständnis, dass sie ihn ebenfalls liebt (Duett *Teco io sto / Ich bin dir*

nah). Renato ist ihnen gefolgt. Er sucht den Gouverneur, um ihn vor Samuel und Tom zu warnen und ihn zu bitten, sich in Sicherheit zu bringen. Er erklärt sich bereit, an Riccardos Stelle die Dame, die sich hinter einem Schleier verbirgt, diskret in die Stadt zurückzubringen. Doch schon nahen Samuel und Tom mit ihren Leuten. Enttäuscht, statt Riccardo nur Renato vorzufinden, wollen sie wissen, wer seine Begleiterin ist. Renato zieht seinen Degen, um ihr Inkognito zu schützen, doch Amelia, die um das Leben ihres Mannes fürchtet, lässt die Verschleierung fallen. Beschämt und von den Verschwörern verspottet, beschließt Renato, sich zu rächen. Dazu bestellt er Samuel und Tom für den nächsten Morgen in sein Haus.

3. Akt. Renato droht seiner Frau, die vergeblich beteuert, ihn nicht betrogen zu haben, mit dem Tod. Ihre letzte Bitte, noch einmal ihren Sohn zu sehen (*Morrò, ma prima in grazia / Der Tod sei mir willkommen*), erfüllt er ihr. Seine ganze Wut und Rache richtet sich dann allein gegen Riccardo (*Eri tu / Ja, du warst's*). Als Samuel und Tom erscheinen, legt er ihnen Beweise für ihre Konspiration vor und ist zu ihrer Verblüffung bereit, sich auf ihre Seite zu schlagen. Wer den Mord ausführen soll, wird durch das Los bestimmt. Amelia muss den Namen ziehen: Renato. Oscar überbringt die Einladung zum Maskenball, auf dem die Verschwörer ihr Vorhaben ausführen wollen. – Der Gouverneur unterzeichnet eine Order, nach der Renato nach England zurückgeschickt wird und mit ihm Amelia, wodurch er seiner Liebe zu ihr entsagen will (*Forste la soglia attinse / Doch heißt dich auch das Pflichtgebot*). Einen anonymen Brief mit der Warnung, während des Balls werde ein Anschlag auf ihn verübt, nimmt er nicht zur Kenntnis: Noch ein letztes Mal will er die Geliebte sehen. – Der Ball ist im Gange. Aus Oscar kann Renato herauslocken, welche Maske der Gouverneur trägt (*Saper vorreste / Lasst ab mit Fragen*). Amelia versucht abermals, Riccardo zu warnen; sie gibt sich sogar zu erkennen, und beide versichern sich ihrer

Liebe bis in den Tod (Duett *T'amo, sì, t'amo / Lieben, ja lieben*). Da trifft Renatos Dolch den Gouverneur. Sterbend verzeiht Riccardo seinem Freund und beteuert Amelias Unschuld.

Eigentlich wollte Verdi einen *König Lear* schreiben, und Antonio Somma hatte dazu schon die nötigen Vorarbeiten erbracht; dann zerschlug sich das Projekt, und Verdi verlangte nach einem anderen Stoff. In einer Schaffensphase, in der er sich merklich von der französischen Grand opéra angezogen zeigte, fiel Verdis Wahl auf Scribes Stück *Gustave III.*, das schon Auber (1833) und Mercadante (1843 als *Il reggente*) vertont hatten. Somma, der sich aktiv am Aufstand der Venezianer gegen die Österreicher beteiligt hatte, war sich der Brisanz des Stoffes, der die Ermordung des schwedischen Königs 1792 behandelt, bewusst. Doch anders als der vorausgegangene *Simon Boccanegra* ist *Un ballo in maschera* kein politisches Stück: »Mehr noch als *La Traviata* ist *Un ballo in maschera* ausschließlich ein reines Liebesgedicht« (Massimo Mila). Da es sich um eine unmögliche, aber von schwindelnder Leidenschaft gepackte Liebe handelt, die für einen Moment alle Bedenken hinwegfegt, wurde *Un ballo in maschera* auch mit *Tristan und Isolde* verglichen: »Ein natürlich ins Italienische übertragener *Tristan*, verpflanzt unter einen glühenden, leidenschaftlichen Himmel, selbst wenn die Handlung in den Norden verlegt ist« (M. Mila). Auch der Verdi-Biograph Julian Budden sieht Parallelen: »Man hat *Un ballo in maschera* als Verdis *Don Giovanni*, aber auch als seinen *Tristan und Isolde* bezeichnet. Beides ist nicht ganz falsch.«

Im *Maskenball* prallen tödliches Schicksal, fieberndes Liebesverlangen und Komisch-Groteskes aufeinander und ergeben ein Drama von greller, tragischer Folgerichtigkeit, in dem hinter jeder Verkleidung und jedem Lachen Abgründe lauern. Verdis Musik nimmt zum einen die hektischen, aggressiven Rhythmen der frühen Opern auf, gelegentlich – in den Arien Oscars und Riccardos – voll gefährlich leichtsinniger Ausgelassenheit, zum anderen wartet sie mit einer verschwenderischen Fülle eindringlicher Melodien auf. Im Finale des 2. Aktes verschränken sich z. B. Hohn und Spott, Verzweiflung und Zorn zu einem packenden Quartett mit Chor (*No, fermatevi / Nein, haltet ein*). Höhepunkt ist nach Amelias gespenstischer, vom Englischhorn getragener Arie *Ecco l'orrido campo* das von entfesselter Leidenschaft und hymnischer Hingabe bestimmte Duett *Teco io sto,* wie es in solch wilder Ekstatik einzig bei Verdi ist. Obwohl Verdi im *Maskenball* eine Reihe singulärer Arien schuf, führte er auch hier sein Bestreben nach Auflösung der schematischen geschlossenen Formen weiter.

Da die Zensur der Bourbonen die Darstellung eines Königsmordes verbot – erst am 13. November 1858 hatte Graf Orsini in Neapel ein Attentat auf Napoleon III. verübt –, wurde die ursprünglich in Schweden spielende Handlung nach langen Auseinandersetzungen nach Boston verlegt. Die Uraufführung in Rom fand unter dem Verlegenheitstitel *Un ballo in maschera* statt, der sich später als durchsetzungsfähig erwies. In Kopenhagen wurde 1935 erstmals der Versuch gewagt, die Handlung, wie ursprünglich geplant, wieder im Schweden des 18. Jahrhunderts anzusiedeln. Daran knüpfte u. a. Göran Gentele 1958 in Stockholm an, der zudem den Bezug zur Homosexualität des Königs herstellte; Riccardo wurde wieder zu Gustav III., Renato zum Grafen Anckarström (Holberg), Ulrica zur Madame Arvedson, Tom und Samuel wurden zu den Grafen Horn und Ribbing, und Silvano wurde zu Christian. Obwohl im Allgemeinen an der Boston-Version festgehalten wird, kam es in den letzten Jahrzehnten vermehrt zu ›schwedischen‹ Fassungen. Die erste Aufführung in Deutschland fand 1861 in Berlin im Rahmen eines italienischen Gastspiels statt, im folgenden Jahr kam es in Stuttgart zur Erstaufführung in deutscher Sprache (Übers. von J. C. Grünbaum). Zu den wesentlichen Aufführungen in neuerer Zeit zählen die Inszenierungen von Franco Zeffirelli 1977 in Mailand (unter Claudio Abbado, mit Shirley Verrett, Elena Obraszova, Luciano Pavarotti, Piero Cappuccilli), Göran Järvefelt 1982 in Cardiff und 1985 in Stockholm, von Alfred Kirchner 1982 in Frankfurt a. M., David Alden 1989 an der English National Opera und Götz Friedrich 1993 an der Deutschen Oper Berlin. In der Rolle des Riccardo brillierten in der zweiten Hälfte des 20. Jahrhunderts Jussi Björling, Carlo Bergonzi, José Carreras, Neil Shicoff, Louis Lima, vor allem aber Pavarotti, der damit eine seiner besten Rollen fand.

CD-Empfehlungen

Arturo Toscanini; Herva Nelli, Clamamae Turner, Jan Peerce, Robert Merrill; NBC Symphony Orchestra
RCA 1954

Antonino Votto; Maria Callas, Fedora Barbieri, Giuseppe di Stefano, Tito Gobbi; Orchestra del Teatro alla Scala Milano
EMI 1957 (2 CD)

Bruno Bartoletti; Renata Tebaldi, Regina Resnik, Luciano Pavarotti, Sherrill Milnes; Orchestra dell'Accademia Nazionale di Santa Cecilia Roma
Decca 1971 (2 CD)

Riccardo Muti; Martina Arroyo, Fiorenza Cossotto, Plácido Domingo, Piero Cappuccilli; New Philharmonic Orchestra
EMI 1975 (2 CD)

Georg Solti; Margaret Price, Christa Ludwig, Luciano Pavarotti, Renato Bruson; National Philharmonic Orchestra
Decca 1985 (2 CD)

La forza del destino
Die Macht des Schicksals

Melodramma in 4 Akten. Text von Francesco Maria Piave nach dem Schauspiel *Don Alvaro o La fuerza del sino* (1835) von Ángel Pérez de Saavedra, Duque de Rivas, und *Wallensteins Lager* (1798) von Friedrich Schiller. Uraufführung am 10. November 1862 in St. Petersburg, Kaiserliches Theater (Bolschoi-Theater). Erstaufführung der Neufassung in der Textbearbeitung Antonio Ghislanzonis am 27. Februar 1869 in Mailand, Teatro alla Scala.

PERSONEN: Der Marchese von Calatrava (Bass) – Donna Leonora, seine Tochter (Sopran) – Don Carlos di Vargas, sein Sohn (Bariton) – Don Alvaro (Tenor) – Preziosilla, eine junge Zigeunerin (Mezzosopran) – Padre Guardiano, Prior eines Franziskanerklosters (Bass) – Fra Melitone, Franziskanermönch (Bariton) – Curra, Leonoras Zofe (Mezzosopran) – Ein Alkalde (Bass) – Mastro Trabuco, Maultiertreiber (Tenor) – Ein spanischer Militärarzt (Bass) – Maultiertreiber, spanische und italienische Landleute, spanische und italienische Soldaten, italienische Rekruten, Franziskanermönche, Marketenderinnen u. a.

ORT UND ZEIT: Spanien und Italien, um die Mitte des 18. Jahrhunderts.

SPIELDAUER: ca. 3 Stunden (1. Akt: ca. 25 min.; 2. Akt: ca. 55 min.; 3. Akt: ca. 60 min.; 4. Akt: ca. 40 min.).

1. Akt. Im Palast der Calatrava in Sevilla. Vor dem Zubettgehen wünscht der Marchese seiner unruhig und verwirrt wirkenden Tochter eine gute Nacht, ohne ihre sonstigen Gedanken an den fremden Mann, der ihrer nicht wert sei. Dieser Fremde ist Leonoras Geliebter Alvaro, Abkömmling eines edlen Inkastammes, mit dem Leonora in dieser Nacht heimlich fliehen und sich trauen lassen will. Leonora zweifelt und zögert, da sie doch noch einmal den Vater sehen möchte, ist sich aber ihrer Liebe zu Alvaro, der zum Aufbruch drängt (*Ah, per sempre / Dein*

bin ich), ganz sicher (Duett *Seguirti fino agli ultimi / Mit dir geh ich*). Man hat sie gehört: Mit gezogenem Degen stürzt der Marchese ins Zimmer. Er verflucht seine Tochter und beleidigt Alvaro, der alle Schuld auf sich nimmt und zum Zeichen seiner Unterwerfung seine Pistole von sich schleudert. Dabei löst sich ein Schuss und tötet den Marchese.

2. Akt. Schenke im Dorf Hornachuelos, eineinhalb Jahre später. Leonora und Alvaro haben sich seit dem Unglück nicht mehr gesehen und sind getrennt auf der Flucht vor Leonoras Bruder Don Carlos di Vargas. Als Leonora, die in Männerkleidern reist, in Begleitung Trabucos in die Dorfschenke tritt, erkennt sie zu ihrem Entsetzen unter den tafelnden Gästen Carlos. Sie kann unbemerkt bleiben, da die leidenschaftlich für den Krieg in Italien werbende Preziosilla alle Aufmerksamkeit auf sich zieht (Kanzone *Al suon del tamburo / Beim Schalle der Trommeln*). Dann zieht eine Pilgerschar vorbei, worauf alle Anwesenden auf Geheiß des Alkalden zum Gebet niederknien. Trabuco, den Carlos ständig über seinen Begleiter ausfragt, »ist er Hahn oder Hühnchen?«, wird es zu bunt und er geht. Auf Wunsch des Alkalden gibt Carlos Auskunft über sich. Er behauptet, Student zu sein, und erzählt in einer Ballade (*Son Pereda, son ricco d'onore / Ein Student bin ich*) von einem Mitstudenten Vargas, dem er geholfen habe, den Mörder seines Vaters und Entführer seiner Schwester zu verfolgen. Damit beeindruckt er alle, nur Preziosilla glaubt ihm kein Wort. – Leonora ist an die Pforten eines Klosters geflohen, wo sie Frieden zu finden hofft (*Madre, pietosa Vergine / Mutter der reinen Gnade*). Auf ihr Läuten hin erscheint Fra Melitone, der den Vater Superior, Pater Guardiano, herbeiholt. Leonora gibt sich ihm zu erkennen und erhält darauf die Erlaubnis, ihr Leben in einer Einsiedelei büßend zu verbringen. Als Einsiedler stellt Pater Guardiano sie dann seinen Mitbrüdern vor, die den Neuankömmling mit Gebeten in die Einsamkeit verabschieden, wo keiner, außer dem

Prior, ihn je besuchen darf (*La Vergine degli Angeli / Die Himmelsjungfrau gnadenvoll*).

3. Akt. In Italien kämpft Alvaro unter dem Namen Herreros bei den spanisch-italienischen Truppen gegen die Österreicher. Die Erinnerung an Leonora, die er tot glaubt, verlässt ihn indes nicht (Arie und Romanze *La vita è inferno all infelice... Oh, tu che in seno agli angeli / Das Leben ist dem Unglücklichen eine Hölle... Du stiegst empor zur Seligkeit*). Er kommt einem vom Feind bedrängten Mitoffizier zu Hilfe und rettet ihm das Leben. Dieser Offizier ist Carlos, der, ebenfalls unter falschem Namen, in der gleichen Armee kämpft. Beide schwören sich Freundschaft (Duett *Amici in vita, in morte / Zwei Freunde auf Leben und Tod*). – In der Schlacht wird Alvaro schwer verwundet. Im Feldlazarett bittet er Carlos, ein Päckchen Briefe in seiner Tasche ungelesen zu verbrennen, falls er sterben sollte (Duett *Solenne in quest'ora / Die Stunde ist heilig*). Da Alvaro eine Auszeichnung, den Orden von Calatrava, recht heftig zurückwies, ist Carlos zwar misstrauisch geworden, aber er widersteht zunächst der Versuchung, das versiegelte Päckchen zu öffnen (*Urna fatal del mio destino / Was ihr auch berget*). Doch nachdem er bei Alvaro das Bildnis seiner Schwester Leonora entdeckt, wird ihm klar, dass er seinen Todfeind gefunden hat. Als ihm der Arzt die Rettung Alvaros mitteilt, bricht Carlos in Jubelrufe aus: Alvaro soll leben, um durch ihn zu sterben! – Wochen später ist Alvaro genesen. Carlos gibt sich zu erkennen und fordert Alvaro als den Mörder seines Vaters zum Duell. Vergeblich beteuert Alvaro seine Unschuld. Erst als Carlos schwört, Leonora, die noch am Leben sei, ebenfalls zu töten, greift Alvaro zum Degen. Die wachhabenden Soldaten trennen die Kämpfenden und schleppen Carlos fort. Tief niedergeschlagen wendet sich Alvaro ab und sucht für den Rest seines Lebens Zuflucht in einem Kloster. – Trommeln und Trompeten wecken das Feldlager mit seinen Soldaten, Marketenderinnen und Händlern, darunter Trabuco, zu wildem Trei-

ben. Mitten dabei ist Preziosilla, die Wahrsagerin. Fra Melitone kommt mit seiner Buß- und Strafpredigt (*Toh! Toh! Poffare il mondo / Ho! Ho! Hier geht's ja hoch her*) nicht gegen das sündige Tun an. Preziosilla muss ihn vor den Fäusten einiger Soldaten retten; sie reißt alle mit zu einem lautstarken Rataplan-Soldatenchor.

4. Akt. 5 Jahre später in der Nähe des Dorfs Hornachuelos. Im Kloster, in dessen Schutz Leonora Zuflucht fand, verteilt der bärbeißige Fra Melitone Suppe an die Armen, die ihm die Sanftmut und Güte des Bruders Raffaele vorhalten. Doch Fra Melitone kommt dieser neue Bruder, der kein anderer als Alvaro ist, sonderbar vor. Pater Guardiano tadelt ihn dafür. Da erscheint ein Fremder, der Pater Raffaele zu sehen wünscht. Der Unbekannte ist Carlos, der seinen Todfeind aufgespürt hat und nun Rache nehmen will. Er reizt Alvaro, verhöhnt ihn als minderwertigen Mulatten, bis dieser nicht mehr an sich halten kann und zu der dargebotenen Waffe greift (Duett *Col sangue / Dein Blut allein*). – Vor ihrer Felsengrotte betet Leonora um den inneren Frieden, den sie wegen ihrer steten Liebe zu Alvaro immer noch nicht gefunden hat (*Pace, pace mio Dio / Frieden! Frieden!*). Als sie Waffenlärm hört, zieht sie sich zurück. Die Stimme von Carlos ist zu hören, dann tritt Alvaro vor die Klause, bittet, einem Sterbenden zu helfen, und erkennt in dem vermeintlichen Einsiedler die Geliebte. Alvaro zeigt auf ihren tödlich verwundeten Bruder. Leonora eilt zu Carlos. Ein Aufschrei – und Alvaro weiß, dass der immer noch unversöhnliche Carlos sie niedergestochen hat. Verzweifelt flucht er dem Himmel und bleibt auch gegenüber den Ermahnungen Pater Guardianos verschlossen, der die sterbende Leonora heranführt. Erst Leonoras Bitten brechen seinen Stolz. So geht sie ihm freudig im Tod voraus. Alvaro findet Trost im Vertrauen auf Gottes Gnade.

Verdi hatte neben Aufträgen für die Mailänder Scala und das Teatro La Fenice in Venedig sowie die Bühnen in Rom,

Neapel, Triest und Florenz bereits 1847 seine *I masnadieri* für das Londoner Her Majesty's Theatre komponiert und war 1855 durch einen Auftrag für die Pariser Grand Opéra geehrt worden (*Les vêpres siciliennes*). Doch 1861 kehrte er der Oper den Rücken, wurde Parlamentarier und verkündete, dass er »nicht mehr Noten produziere, sondern Kohl und Bohnen pflanze«. Anfang 1861 unterbreitete der Tenor Enrico Tamberlick Verdi das Angebot, eine Oper für das Kaiserliche Theater in St. Petersburg zu schreiben. Die Anfrage kam offenbar durch Vermittlung von Mauro Corticelli zustande, einem Freund Giuseppina Strepponis, die sich für das Angebot natürlich einsetzte.

Verdi war schnell bereit, zur Bühne zurückzukehren. Nachdem er anfangs mit Victor Hugos *Ruy Blas* sympathisiert hatte, mit dem sich die russische Zensur aber schwertat, fiel seine Wahl auf das Drama *Don Alvaro o La fuerza del sino* (Madrid 1835) von Ángel Pérez de Saavedra, Herzog von Rivas (1791–1864). Anders als bei den Stücken von Gutíerrez handelt es sich bei Pérez' Drama um eine frei erfundene Geschichte aus dem 18. Jahrhundert, eine bunte Abfolge von Szenen, die in der Schlacht, im Feldlager und im Kloster spielen und zwischen Schauplätzen in Italien und Spanien hin- und herwechseln. Im Mittelpunkt steht der alles zerstörende Rassenhass des spanischen Adels, der sich in diesem Fall gegen die Ehe Leonoras mit dem Inka-Abkömmling Alvaro richtet. Trotz aller dramaturgischen Mängel besitzt die Oper in der grellen realistischen Darstellung des Kriegs, die auch die Kehrseite und das Elend zeigt, eine aufrüttelnde Botschaft. Für die Kapuzinerpredigt des Fra Melitone bezog Verdi Anregungen aus *Wallensteins Lager*, dem ersten Teil von Schillers *Wallenstein*-Trilogie.

Das Libretto schrieb Francesco Maria Piave. Zwischen August und November 1861 arbeitete Verdi an der Komposition, Ende November reiste er mit Giuseppina via Paris nach St. Petersburg, kehrte aber bald zurück, da wegen Erkrankung der Sängerin der Leonora an eine Aufführung nicht zu denken war. Mitte September des folgenden Jahres reiste das Paar erneut nach Russland, wo das Werk mit ungeheurem Aufwand – und Tamberlick als Alvaro – vorbereitet und im November uraufgeführt wurde. Der Erfolg hielt sich in Grenzen. Auf Wunsch Ricordis überarbeitete Verdi sechs Jahre später die Oper; die textlichen Veränderungen übernahm der spätere *Aida*-Librettist Antonio Ghislanzoni (Piave war seit 1867 gelähmt). Neu sind jetzt, neben verschiedenen Umstellungen und Änderungen innerhalb der Arien, vor allem die ausführlich angelegte Ouvertüre anstelle des kurzen Vorspiels, die im Konzert wohl beliebteste aller Verdi-Ouvertüren, und das versöhnlichere Finale (Pater Guardiano vereint die sterbende Leonora und Alvaro) mit neuem Schlussterzett.

In der ersten Fassung findet die Ermordung Leonoras, die zuvor noch ein kurzes Duett mit Alvaro hatte, auf offener Bühne statt. In der späteren Version sind diese Vorgänge hinter die Bühne verbannt. In der St. Petersburger Fassung endet die Oper mit dem Tod aller drei Protagonisten: Beim Tod Leonoras führt Pater Guardiano die Mönche heran, sie singen ein »Miserere«, Alvaro erklimmt einen Felsen und stürzt sich in den Tod.

Die Scala-Premiere der zweiten Version am 20. Februar 1869 war ein Erfolg. In Deutschland wurde die Oper bereits 1878 in Berlin gespielt, setzte sich jedoch erst in Franz Werfels sehr freier Bearbeitung (1926, Dresden, unter Fritz Busch, mit Meta Seinemeyer und Tino Pattiera) durch. Trotz ihrer unangefochtenen Popularität in Italien und ihrer musikalischen Höhepunkte, beispielsweise in den Duetten Alvaro/Carlos (darunter das Schwurduett *Solenne in quest'ora*), der Arie und Romanze des Alvaro *La vita è inferno... Oh, tu che in seno agli angeli*, Leonoras *Pace*-Arie und den vielgestaltigen Chorszenen, spielt sie im internationalen Repertoire keine vergleichbare Rolle. Musikalisch am eindrucksvollsten dargestellt ist Leonora, die mit ihrer Romanze im 1. Akt, der Szene im 2. Akt (*Son giunta!*) und der

»Friedensarie« auch mit den meisten Solonummern bedacht wurde; die Leonora war eine der großen Erfolgspartien von Renata Tebaldi, Zinka Milanov, Leontyne Price, Martina Arroyo. An der Met kam es 1918 zu einer denkwürdigen Produktion mit Enrico Caruso und dem Debüt der großen Rosa Ponselle. Zu den Inszenierungen neueren Datums, die das Stück politisch und dramaturgisch neu zu entschlüsseln versuchen, gehören die Produktionen von Götz Friedrich (München 1986 unter Giuseppe Sinopoli), Hans Neuenfels (Berlin, Deutsche Oper 1982) und Nicholas Hytner (London, English National Opera 1992). Das Kirow-Theater brachte 1998 eine auch bei mehreren Gastspielen gezeigte Inszenierung Elijah Moshinskys heraus, die die Bühnenbilder der Uraufführung benutzte.

CD-Empfehlungen

Tullio Serafin; Maria Callas, Elena Nicolai, Richard Tucker, Carlo Tagliabue; Orchestra del Teatro alla Scala Milano
EMI 1955 (3 CD)

Fernando Previtali; Zinka Milanov, Rosalind Elias, Giuseppe di Stefano, Leonard Warren; Orchestra dell'Accademia di Santa Cecilia
Decca 1959 (3 CD)

Riccardo Muti; Mirella Freni, Dolora Zajic, Plácido Domingo, Giorgio Zancanaro; Orchestra del Teatro alla Scala Milano
EMI 1986 (3 CD)

Giuseppe Sinopoli; Rosalind Plowright, Agnes Baltsa, José Carreras, Renato Bruson; Philharmonia Orchestra
Deutsche Grammophon 1987 (3 CD)

Valery Gergiev; Galina Gorchakova, Olga Borodina, Gegam Grigorian, Nikolai Putilin; Kirow Orchestra (St. Petersburger Urfassung)
Philips 1997 (3 CD)

Don Carlos

Oper in 5 Akten. Text von François-Joseph-Pierre Méry und Camille Du Locle nach Friedrich von Schillers *Don Carlos, Infant von Spanien* (1787). Uraufführung am 11. März 1867 in Paris, Opéra, Salle de la rue Le Peletier. – Erstaufführung der Neufassung in 4 Akten als *Don Carlo* in der italienischen Übersetzung von Achille de Lauzières-Thémines und Angelo Zanardini am 10. Januar 1884 in Mailand, Teatro alla Scala. – Erstaufführung der letzten, italienischen Fassung in 5 Akten am 26. Dezember 1886 in Modena, Teatro Comunale.

PERSONEN: Philippe II. / Filippo II. / Philipp II., König von Spanien (Bass) – Don Carlos / Don Carlo, Infant von Spanien (Tenor) – Rodrigue/Rodrigo, Marquis von Posa (Bariton) – Der Großinquisitor, blind, 90-jährig (Bass) – Ein Mönch (Bass) – Elisabeth/Elisabetta de Valois (Sopran) – Prinzessin Eboli (Mezzosopran) – Thibault/Tebaldo, Page Elisabeths (Sopran) – Gräfin von Aremberg (stumme Rolle) – Graf von Lerma (Tenor) – Ein königlicher Herold (Tenor) – Eine Stimme vom Himmel (Sopran) – Granden von Spanien, flämische Deputierte, Inquisitoren, Herren und Damen des französischen und spanischen Hofs, Holzfäller, Pagen, Wachen Heinrichs II. und Philipps II., Deputierte der spanischen Provinzen, Jägerchor u. a.

ORT UND ZEIT: Frankreich und Spanien, um 1560.

SPIELDAUER: ca. 3½ Stunden (1. Akt: ca. 25 min.; 2. Akt: ca. 55 min.; 3. Akt: ca. 35 min.; 4. Akt: ca. 50 min.; 5. Akt: ca. 30 min.). – Version in 4 Akten: ca. 2 ¾ Stunden.

(Fassung von 1886.) 1. Akt. Elisabeth von Valois kommt mit ihrem Gefolge durch den Wald von Fontainebleau und wird dabei heimlich von Don Carlos beobachtet. Der Infant ist von der Prinzessin entzückt. Er ist nach Frankreich gekommen, um Elisabeth, die ihm als Braut bestimmt wurde, kennen zu lernen (*Fontainebleau! Foresta immensa / Fontainebleau! Dies ist der Wald*). Rasch findet er Gelegenheit,

Don Carlos

sich Elisabeth zu erkennen zu geben und ihr seine Liebe zu gestehen. Auch sie liebt ihn. Beider Glück wird jäh zerstört durch Tebaldos Meldung, der König wünsche Elisabeth nicht mit dem Infanten, sondern mit dessen Vater Philipp II. zu verheiraten, um ein festes Friedensbündnis zwischen Frankreich und Spanien zu schließen. Unter Qualen übermittelt Elisabeth dem mit großem Gefolge nahenden Herzog von Lerma ihr Einverständnis. Carlos ist verzweifelt.

2. Akt. Vor dem Grab Karls V. im Kloster San Yuste, in der geistigen Nähe zu seinem Großvater also, sucht Carlos den inneren Frieden, den Karl V. hier erlangt hatte. Dort findet ihn sein Freund Posa, den Carlos ins Vertrauen zieht. Voll Mitgefühl rät Posa ihm, Spanien zu verlassen und in Flandern, wo man große Erwartungen in ihn setzte, den Schmerz um Elisabeth zu verwinden. Der Infant nimmt den Rat an, und beide versichern sich ihrer unverbrüchlichen Freundschaft (Duett *Dio, che nell'alma infondere* / *Gott, der die Seelen entflammte*). Beim Gesang der Mönche schreiten Elisabeth, nun Königin, und Philipp auf dem Weg zum Gebet vorüber. Ihr Anblick vertieft erneut die Verzweiflung von Carlos. – Vor dem Kloster vertreiben sich die Hofdamen die Zeit bis zur Rückkehr der Königin mit Gesang. Prinzessin Eboli singt das »Lied vom Schleier«, das von einem König erzählt, der seiner Gattin überdrüssig wurde, sich in eine verschleierte Fremde verliebte und in ihr schließlich seine eigene Frau erkannte (*Nei giardin' del bello* / *In dem Park der Feen*). Als die Königin aus dem Kloster tritt, überreicht ihr Posa mit einem Brief ihrer Mutter aus Frankreich heimlich ein Schreiben des Infanten, in dem Carlos seinen Freund als vertrauensvollen Vermittler empfiehlt. Posa bittet Elisabeth um eine Audienz mit Carlos. Zeugin dieses Gesprächs ist die Eboli, die selbst Don Carlos für sich zu gewinnen hofft. Die Damen ziehen sich zurück. Elisabeth steht dem Infanten plötzlich allein gegenüber. Carlos bittet sie, sich beim König für seine Entsendung nach Flandern zu verwenden, und stürzt sich, von seinen Gefühlen

überwältigt, in ihre Arme. Nur mit Mühe bewahrt die Königin ihre Haltung. Als kurz darauf Philipp erscheint, findet er sie, ein grober Verstoß gegen das strenge Hofzeremoniell, allein vor. Die verantwortliche Dame der Königin, die Gräfin Aremberg, wird sofort entlassen. Elisabeth tröstet sie (*Non pianger, mia compagna* / *Meine Freundin, weine nicht*). Nachdem die anderen gegangen sind, wagt Posa ein offenes Wort vor dem König: Er bittet um Frieden in den von Spanien verwüsteten Niederlanden und um Religionsfreiheit für die dortigen Protestanten. Philipp erkennt bewegt die selbstlose Aufrichtigkeit Posas und seine Ergebenheit. Er sieht ihm die kühne Bitte nach, die er vor der Inquisition nie äußern dürfte, und vertraut ihm an, dass ihn das Misstrauen quäle, Elisabeth sei ihm untreu. Posa möge doch die Königin und Don Carlos prüfen, »ihre Herzen zu erforschen«.

3. Akt. Im Garten der Königin erwartet Carlos um Mitternacht Elisabeth. Die Einladung zu diesem Rendezvous stammt indessen nicht von ihr, sondern von der Eboli, die tief verschleiert erscheint und glücklich seinen verliebten Worten lauscht – bis der Schleier fällt. Das Geheimnis seiner wahren Liebe ist enthüllt! Posa tritt hinzu und droht der Prinzessin mit dem Dolch, als sie in ihrer wütenden Enttäuschung die Königin als Ehebrecherin bezeichnet und Rache schwört (Terzett *Ed io, che tremava al suo aspetto* / *Und ich soll in Demut mich beugen vor dieser Frau*). Posa lässt die Eboli gehen. Carlos, dessen Verhaftung zu erwarten ist, überreicht ihm einige geheime Dokumente zur Verwahrung. – Vor der Kathedrale von Valladolid wird ein Autodafé, eine öffentliche Ketzerverbrennung, vorbereitet. Als

---

Don Carlos – Marjana Lipovšek als Prinzessin Eboli,
Francisco Araiza als Don Carlos;
Inszenierung von Nikolaus Lehnhoff am Opernhaus Zürich (1993)

Foto: Schlegel & Egle, Zürich

der König aus der Kirche kommt, werfen sich ihm Deputierte Flanderns zu Füßen und bitten um Frieden. Philipp befiehlt, sie aus dem Weg zu schaffen, doch da tritt ihm Carlos entgegen. Er fordert die Befehlsgewalt in Flandern und zieht, da der König ablehnt, den Degen – eine Majestätsbeleidigung. Posa gelingt es, dem Freund die Waffe abzunehmen. Er überreicht sie dem König. Das Autodafé beginnt. Eine Stimme vom Himmel verkündet den Sterbenden den Frieden des Himmels.

4. Akt. In seinem schlichten Arbeitszimmer quält den König des Nachts die Gewissheit, dass Elisabeth ihn nie geliebt hat (*Ella giammai m'amo / Sie hat mich nie geliebt*). Der Großinquisitor wird gemeldet, ein blinder Greis, dessen Rat Philipp erbittet: Ob er seinen Sohn opfern dürfe? Die Antwort ist »Ja«. Der Alte fordert mehr: Um der Erhaltung des Glaubens willen habe sich auch Posa vor der Inquisition zu verantworten, der sich auch der König selbst stellen muss, falls er nicht der Kirche gehorcht. Aufgeregt erscheint die Königin. Sie beklagt den Raub ihres Schmuckkästchens. Der König legt ihr die Schatulle vor und bezichtigt sie des Ehebruchs, da er darin das Porträt des Infanten gefunden hat. Ohnmächtig sinkt die Königin zu Boden. Posa wird herbeigerufen und die Gräfin Eboli, die der wieder erwachten Königin gesteht, dass sie aus enttäuschter Liebe zu Carlos dem König das Kästchen zugespielt habe und dass sie Philipps Geliebte war. Elisabeth stellt sie empört vor die Wahl: Exil oder Kloster. Die Gräfin verflucht ihre Schönheit, die sie ins Verderben stieß. Im Kloster wird sie für ihr Vergehen büßen, doch zuvor will sie versuchen, das Leben von Carlos zu retten (*O don fatale / Verfluchte Gabe*). – Posa sucht Carlos im Gefängnis auf, um Abschied zu nehmen. Doch nicht der Infant, sondern Posa sieht dem Tod entgegen: Man hat die brisanten Dokumente bei ihm gefunden, womit er allen Verdacht auf sich gelenkt hat. Posa erinnert seinen Freund nochmals an seine politische Aufgabe für den Frieden in Flandern, dann trifft ihn ein Schuss,

die Kugel der Heiligen Inquisition (*Per me giunto è il dì supremo* / *Für mich ist schon der letzte Tag gekommen*). Der König erscheint, um seinem Sohn als Zeichen seiner Rehabilitation den Degen zurückzugeben. Voll Trauer und Verachtung weist Carlos ihn zurück. Da erstürmt das von der Gräfin Eboli aufgewiegelte Volk das Gefängnis, um Carlos zu befreien. Mit unerbittlicher Autorität zwingt der Großinquisitor die Anstürmenden auf die Knie, um Gott und dem König zu huldigen.

5. Akt. Wie einst Don Carlos steht Elisabeth am Grab Karls V. im Kloster San Yuste und bittet um inneren Frieden (*Tu che le vanità* / *Du erfuhrst, wie vergänglich*). Carlos ist hinzugetreten, um Abschied von ihr zu nehmen. Statt der Verwirklichung seiner Liebesträume wünscht er nun, die Hoffnung der Menschen in Flandern zu erfüllen. Beide erwarten, sich in einer andern Welt wieder zu finden. Der Großinquisitor und Philipp stehen plötzlich vor ihnen. Der König hat sich der Kirche gebeugt, die Inquisition will Carlos ergreifen. Er wehrt sich, weicht zurück, es erscheint ein Mönch im Ornat Karls V. und entführt Carlos in den Schutz des Klosters.

Verdis vierte Schiller-Vertonung wurde wie *Simon Boccanegra* erst im späten 20. Jahrhundert in ihrer Bedeutung erkannt. Die Oper, noch vor 30 Jahren eine Rarität, gehört heute selbstverständlich zum internationalen Verdi-Repertoire. Möglicherweise hat Julian Budden mit seiner Charakterisierung von *Aida* und *Don Carlos* recht: »In unserer westlichen Freiheitsliebe stufen wir heute *Aida* etwas niedriger ein – wegen der martialischen Aufmärsche und kriegerischen Emotionen oder auch wegen stillschweigender Duldung der geschlossenen Gesellschaft. Dagegen übt der jugendliche Idealismus, der sich gegen die Tyrannei der Alten auflehnt, eine viel größere Faszination aus. Akzeptiert man jedoch erst einmal die dramatischen Voraussetzungen, so ist *Aida* sicherlich das vollkommenere der beiden Werke. Hier sind die Probleme von Länge und Proportion, mit denen Verdi in den beiden vorausgegangenen Opern nicht fertig geworden war, in triumphaler Weise gelöst«.

Ähnlich äußerte sich bereits der Literat Théophile Gautier in seiner Premierenkritik: »Bei der ersten Aufführung hat die Musik des *Don Carlos* das Publikum mehr überrascht als bezaubert: die beherrschende Kraft, die den Untergrund von Verdis Genie bildet, erscheint hier in ihrer mächtigen Einfachheit, aber unterstützt durch eine außergewöhnliche Entfaltung der harmonischen Mittel, ausgesuchter Klangformen und neuer melodischer Formen«.

Nach *Jérusalem*, der Überarbeitung der *Lombardi alla prima crociata*, von 1847 und *Les vêpres siciliennes* von 1855 markierte der zehn Jahre später als zweites Auftragswerk der Pariser Opéra begonnene *Don Carlos* Verdis bedeutendste Annäherung an das Genre der Grand opéra. *Don Carlos* ist das letzte Werk dieser Gattung und das einzige, das sie bis heute auf den internationalen Bühnen repräsentiert. Allerdings war der im Rahmen der Weltausstellung in Anwesenheit des Kaiserpaares uraufgeführten Oper mit einer reinen Spieldauer von 3½ Stunden zunächst nur ein durchschnittlicher Erfolg beschieden. Dabei hatte das Théâtre Impérial de l'Opéra unter Leitung von Emile Perrin, des Schwiegervaters des Librettisten Camille Du Locle, alles aufgeboten, was Frankreichs erstes Opernhaus neuen Kompositionen in verschwenderischer Fülle zukommen ließ: weit über 200 Proben bei einem Gesamtbudget von 133 288,28 Francs. Während der Proben wurden insgesamt acht instrumentierte Passagen von insgesamt 505 Takten gestrichen, nach der Generalprobe am 24. Februar 1867 wurden von Verdis umfangreichster Partitur nochmals 20 Minuten Musik geopfert. Es dirigierte der Deutsche Hainl, die Bühnenmusik wurde von Adolphe Sax, dem Erfinder des Saxophons, geleitet.

Die Musikwissenschaft kennt sieben Fassungen der Oper, für das Publikum sind jedoch nur folgende relevant: der fünfaktige *Don Carlos* in französischer Sprache, der vieraktige *Don Carlo* in italienischer Übersetzung, entstanden 1882/83 als Mailänder Fassung (Mailand 1884), wobei der 1. Akt und das Ballett entfielen, und schließlich der fünfaktige italienische *Don Carlo* (Modena 1886), der den 1. Akt wiederherstellt und die folgenden Akte entsprechend der Mailänder Fassung (also ohne Ballett) präsentiert. Das Libretto wurde von Du Locle überarbeitet und von Achille de Lauzières und Angelo Zanardini übersetzt.

Durchgesetzt hat sich zunächst die vieraktige italienische Fassung, wobei inzwischen auch häufiger die fünfaktige Fassung – z. B. 1978 anlässlich der 200-Jahr-Feier der Scala (in italienischer Sprache) unter Claudio Abbado (Inszenierung: Luca Ronconi) – aufgeführt wird. 1986 bot die Pariser Opéra die französischsprachige Fassung der Oper (Georges Prêtre / Marco Arturo Marelli), der sich 1996 Luc Bondys u. a. in Paris (Théâtre du Champs-Elysées), London, Brüssel gezeigte Inszenierung (mit Karita Mattila, Waltraud Meier, Roberto Alagna, José van Dam, Thomas Hampson) anschloss; 1998 bot die Pariser Opéra Bastille wieder die traditionelle vieraktige italienische Version (Inszenierung: Graham Vick). Zu den wichtigsten Aufführungen von historischer Bedeutung gehört Luchino Viscontis Londoner Inszenierung von 1958 (unter Carlo Maria Giulini), die erstmals in neuerer Zeit den so genannten Fontainebleau-Akt restituierte.

Bereits 1850 hatten Royer und Vaëz, die Autoren von *Jérusalem*, Verdi eine französische Vertonung von Schillers Drama vorgeschlagen. Erst 1865 fiel die Wahl endgültig auf Schillers »Dramatisches Gedicht« von 1787. Das Libretto wurde Joseph Méry und Camille Du Locle anvertraut, der nach dem Tod von Méry im Juni 1866 als alleiniger Autor verantwortlich war. Die historischen Eckdaten sind: 1556/1557 die Abdankung Karls V., woraufhin dessen Sohn Philipp König von Spanien, Neapel, Sizilien und Herzog von Burgund wird; 1559 kommt es zum Frieden zwischen Spanien und Frankreich und zur Verlobung Philipps mit Elisabeth de Valois; 1560 findet die Hochzeit statt und trifft der 15-jährige Carlos erstmals auf seine gleichaltrige Stiefmutter; 1566 erheben sich die Aufständischen in Flandern, ein Jahr später lässt Philipp seinen Sohn, der Partei für die Unterdrückten ergriffen hat, ins Gefängnis werfen, wo er am 26. Juli 1568 stirbt. Im gleichen Jahr stirbt auch Elisabeth de Valois. Schiller entflammt sich mehr an dem revolutionären, idealistischen Gestus der Handlung als an historischen Details: der von Philipp erwähnte Escorial wurde z. B. erst vier Jahre nach dem Autodafé von 1559 gebaut.

Mit den von ihm gestalteten Don Carlos, Rodrigo und Elisabeth exemplifizierte Schiller bestimmte Ideen. Die historische Prinzessin von Eboli war einäugig und trug eine Augenklappe, wie es in manchen Inszenierungen wieder der Fall ist. Ihr temperamentvolles spanisches »Schleierlied« und ihre leidenschaftliche Arie *O don fatale* machen sie zu einer der anspruchsvollsten Mezzopartien Verdis, eine Paraderolle von Grace Bumbry, Shirley Verrett, Tatjana Troyanos, Agnes Baltsa, heute von Violeta Urmana und Dolora Zaijck. Die anderen Rollen wurden von Boris Christoff, Nicolai Ghiaurov, Ruggero Raimondi, Ferruccio Furlanetto, Samuel Ramey (Philipp), Franco Corelli, Giacomo Aragall, José Carreras, Neil Shicoff (Carlos), Tito Gobbi, Eberhard Wächter, Piero Cappuccilli, Renato Bruson, Vladimir Chernov (Posa) und Mirella Freni, Katia Ricciarelli, Carol Vaness (Elisabeth) auf ideale Weise verkörpert.

CD-Empfehlungen

Herbert von Karajan; Sena Jurinac, Giulietta Simionato, Eugenio Fernandi, Cesare Siepi, Ettore Bastianini; Wiener Philharmoniker (26. Juli 1958; Salzburg; live)
Deutsche Grammophon 1995 (2 CD)

Georg Solti; Renata Tebaldi, Grace Bumbry, Carlo Bergonzi, Nicolai Ghiaurov, Dietrich Fischer-Dieskau; Orchestra of the Royal Opera House Covent Garden
Decca 1966 (3 CD)

Carlo Maria Giulini; Montserrat Caballé, Plácido Domingo, Ruggero Raimondi; Orchestra of the Royal Opera House Covent Garden
EMI 1970 (3 CD)

Claudio Abbado; Katia Ricciarelli, Lucia Valentini-Terrani, Plácido Domingo, Ruggero Raimondi, Leo Nucci; Orchestra del Teatro alla Scala Milano (Erstaufnahme der fünfaktigen Fassung in der französischen Originalsprache)
Deutsche Grammophon 1985 (4 CD)

Riccardo Muti; Daniela Dessi, Luciana d'Intino, Luciano Pavarotti, Samuel Ramey, Paolo Coni; Orchestra del Teatro alla Scala Milano (1992)
EMI 1994 (3 CD)

Antonio Pappano; Karita Mattila, Waltraud Meier, Roberto Alagna, José van Dam, Thomas Hampson; Orchestre de Paris
EMI 1996 (3 CD)

Bernard Haitink; Galina Gorchakova, Olga Borodina, Richard Marginson, Roberto Scandiuzzi, Dmitri Hvorostovsky; Orchestra of the Royal Opera House Covent Garden
Philips 1997 (3 CD)

Aida

Oper in 4 Akten. Text von Antonio Ghislanzoni und Camille Du Locle nach einem Szenario von François-Auguste-Ferdinand Mariette. Uraufführung am 24. Dezember 1871 in Kairo, Opernhaus. – Italienische Erstaufführung am 8. Februar 1872 in Mailand, Teatro alla Scala.

PERSONEN: Der König von Ägypten (Bass) – Amneris, seine Tochter (Mezzosopran) – Aida, äthiopische Sklavin (Sopran) – Radames, Hauptmann der Palastwache (Tenor) – Ramphis, Oberpriester (Bass) – Amonasro, König von Äthiopien, Aidas Vater (Bariton) – Ein Bote (Tenor) – Eine Priesterin (Sopran) – Priester, Priesterinnen, Minister, Krieger, Hauptleute, Sklaven, äthiopische Gefangene, Volk u. a.

ORT UND ZEIT: Memphis und Theben, zur Zeit der Pharaonen.

SPIELDAUER: ca. 2½ Stunden (1. Akt: ca. 40 min.; 2. Akt: ca. 45 min.; 3. Akt: ca. 35 min.; 4. Akt: ca. 30 min.).

1. Akt. In einem Saal des Königspalasts von Memphis lässt Ramphis den jungen Radames wissen, dass ein Angriff der Äthiopier auf Theben bevorstehe und die Göttin Isis dafür den Heerführer schon bestimmt habe. Radames hofft, der vom Orakel Ausgewählte zu sein (*Celeste Aida / Holde Aida*), um anschließend seine Geliebte Aida als Sieger in ihre äthiopische Heimat führen zu dürfen. Die Königstochter Amneris, die heftig in Radames verliebt ist, beginnt in Aida die Rivalin zu wittern, obgleich sich sowohl Radames als auch Aida bemühen, sich ihre Gefühle nicht anmerken zu lassen (Terzett *Vieni, o diletta, appresati / Komm, o Geliebte*). Als ein Bote den Einfall der Äthiopier unter ihrem

---

Aida – Cheryl Studer als Aida, Dennis O'Neill als Radames;
Inszenierung von David Poutney an der
Bayerischen Staatsoper München (1996)

Foto: Wilfried Hösl, München

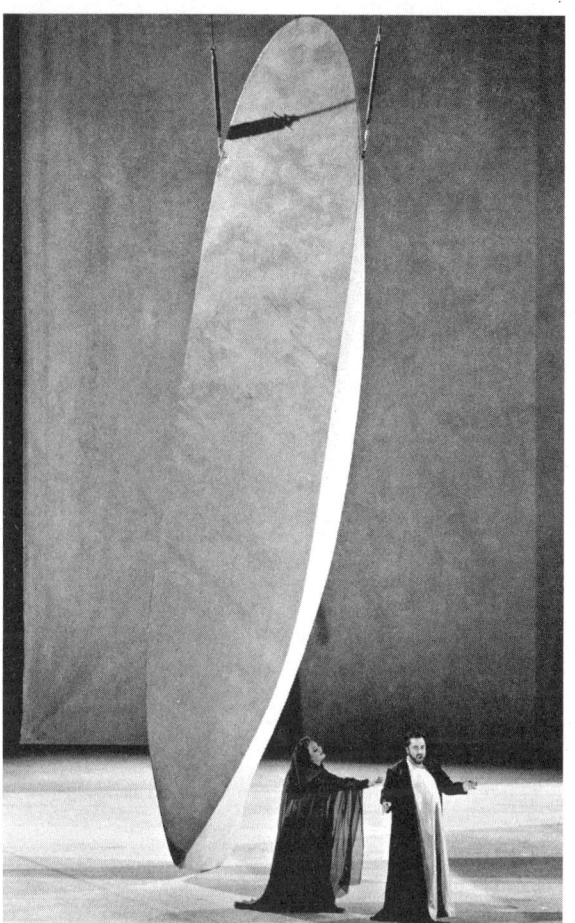

König Amonasro bestätigt, nennt der König den Namen des von Isis bestimmten Feldherrn: Radames. Der versammelte Heerstaat jubelt ihm zu. Für Aida bedeutet diese Situation einen qualvollen Konflikt zwischen ihrer Liebe zu Radames, dem sie den Sieg wünscht, und der Treue zu ihrem Vater und ihrer Heimat (*Ritorna vincitor / Als Sieger kehre heim*). – Im Tempel des Gottes Phtà wird Radames mit den siegbringenden heiligen Waffen gerüstet.

2. Akt. In Erwartung des siegreich heimkehrenden Radames lässt sich Amneris von ihren Sklavinnen einkleiden und schmücken. Indem sie Mitleid vortäuscht, sucht sie Aidas Gefühle für Radames herauszufinden. Mit der Behauptung, er sei gefallen, entlockt sie ihr schließlich das Geheimnis ihrer Liebe. Dann gibt sie sich als ihre Rivalin zu erkennen (Szene und Duett *Fu la sorte dell'armi / Wohl war das Los der Waffen*). – Vor den Toren Thebens empfangen der Hofstaat, die Priester und das Volk die siegreiche ägyptische Armee (*Triumphmarsch*). Amneris legt Radames den Siegerkranz um die Stirn, und der König stellt dem Feldherrn feierlich einen Wunsch frei. Unter den mitgeführten Gefangenen erkennt Aida ihren Vater Amonasro, der ihr zuraunt, sie dürfe ihn nicht verraten. Er gibt vor, der äthiopische König sei getötet worden, und bittet mit seinen Kriegern und Aida, sogar mit dem ägyptischen Volk, um Gnade, doch nicht für sich selbst (*Anch'io pugnai / Ich hab gekämpft*). Obwohl die Priester und Ramphis den König bestürmen, die Gefangenen zu töten, wünscht Radames die Freilassung der Äthiopier; nur Aida und ihr Vater sollen als Geiseln am ägyptischen Hof bleiben. So geschieht es. Der König bestimmt Radames zum Thronfolger und gibt ihm die Hand seiner Tochter.

3. Akt. Am Ufer des Nils empfängt der Oberpriester Amneris, die im Tempel die Nacht vor der Hochzeit betend verbringen muss. Dann erscheint Aida. Radames hat sie hergebeten (sog. Nil-Arie: ***Qui Radames verrà / Bald kommt Radames***). Zuvor aber taucht ihr Vater auf. Er macht ihr Hoffnung auf eine Rückkehr in die Heimat und eine Zu-

kunft mit Radames, wenn man die Ägypter besiege, und dazu könne sie beitragen, indem sie Radames den künftigen Aufmarschplan der Ägypter entlocke – ein weiterer schwerer Gewissenskonflikt für seine Tochter (Duett *Rivedrai le foreste imbalsamate / Wiedersehen wirst du die duftigen Wälder*). Radames kommt und beteuert seine Liebe. Nach einem neuerlichen Sieg über die Feinde will er die Hand Aidas als Siegerpreis verlangen. Aida drängt ihn stattdessen, mit ihr zu fliehen, wozu Radames schließlich bereit ist. Arglos verrät er dabei die Stellung der ägyptischen Truppen, die sie auf ihrer Flucht umgehen müssten. Amonasro tritt aus seinem Versteck hervor und gibt sich als König der Äthiopier zu erkennen. Voll Entsetzen wird Radames sein Verrat klar. In diesem Moment kommen Amneris und Ramphis aus dem Tempel. Aida und Amonasro gelingt noch rechtzeitig die Flucht. Radames jedoch, einen Angriff Amonasros auf Amneris abwehrend, stellt sich dem Oberpriester und den Wachen.

4. Akt. Amneris ist verzweifelt. Ihre Rivalin ist entflohen, der Geliebte wurde des Hochverrats angeklagt (*L'aborita rivale a me sfuggia / Entflohn ist die Rivalin*). Sie verspricht Radames, sich für seine Freiheit einzusetzen, wenn er Aida entsage. Doch Radames weigert sich, lieber geht er für Aida in den Tod (Duett *Già i Sacerdoti adunansi / Schon sind die Priester all vereint*). So verurteilt ihn das Gericht der Priester zum Tode. Unter dem Tempel des Phtà soll er lebendig eingemauert werden. Amneris verflucht die Grausamkeit der Richter. – In der Grabkammer eingeschlossen (*La fatal pietra sovra me si chiuse / Es hat der Stein sich über mir geschlossen*), erwartet Radames den Tod. Seine letzten Gedanken gelten Aida, die plötzlich aus dem Dunkel tritt. Sie hat sich heimlich in die Kammer geschlichen, um mit dem Geliebten zu sterben. Er schließt sie in die Arme, gemeinsam erwarten sie glücklich den Frieden im Jenseits (Duett *Morir per te d'amore / Zu sterben! So rein und schön*). Amneris betet für die Seele ihres Geliebten.

Aida entstand als Auftragswerk des ägyptischen Vizekönigs; entsprechend den Anforderungen an ein repräsentatives Werk enthält die Oper grandiose Ballett- und Chorszenen und monumentale ägyptische Assoziationen, auf die sich die zahlreichen Freilichtaufführungen zu einseitig konzentrieren, denn dabei wird übersehen, dass *Aida* auch eine intime Dreiecksgeschichte, ein melancholisches Nachtstück mit pessimistischem Ausgang ist.

Im Zusammenhang mit der Eröffnung des Suezkanals am 17. November 1869 errichtete Ismael Pascha, Vizekönig von Ägypten, im November 1869 in Kairo ein Opernhaus (Eröffnung mit *Rigoletto*), wozu er Verdi um eine Eröffnungshymne bat. Verdi war nicht bereit, ein »morceaux de circonstance« zu schreiben und lehnte im August 1869 ab. Doch im Anschluss an die erfolgreiche Eröffnung des Opernhauses fassten der Khedive und Auguste Mariette, der berühmteste Ägyptenkenner und Archäologe, der die Grabungen bei Theben und Memphis geleitet hatte, den Plan, Verdi zu einer neuen, auf einem ägyptischen Thema basierenden Oper zu überreden. Mariette sicherte sich dazu die Unterstützung von Camille Du Locle, der Verdi den Plan unterbreitete. Erst nachdem er im Mai 1870 die von Mariette skizzierte Handlung gelesen und erfahren hatte, dass möglicherweise Gounod oder Wagner das Projekt übernehmen könnten, unterzeichnete Verdi den Vertrag, bis Ende 1870 eine Oper zu komponieren, die im Januar 1871 in Kairo aufgeführt werden sollte. Das Honorar betrug 150 000 Goldfrancs, wofür der Khedive die Rechte in Kairo, Verdi die Rechte in der übrigen Welt erhielt. Kein Komponist hat mehr für eine Oper erhalten.

Mariettes Handlung ist frei erfunden, in den historischen Details dennoch so genau, dass sie um 1550 v. Chr. hätte spielen können (»Das Wirkliche nachzubilden, kann eine gute Sache sein, aber das Wirkliche erfinden, ist besser, viel besser«, urteilte Verdi in diesem Zusammenhang).

Verdis Kollege Tschaikowsky konnte mit einem solchen

Stoff überhaupt nichts anfangen: »Was sind eigentlich Effekte? Wenn sie zum Beispiel in einer *Aida* zu finden sind, so kann ich Sie versichern, dass ich um keine Reichtümer der Welt eine Oper mit einem solchen Sujet schreiben würde, denn ich brauche lebende Menschen und keine Puppe. Ich werde stets gerne eine Oper schreiben, welche jeglichen Effekts bar ist, aber in welcher mir ähnliche Wesen vorkommen, mit denselben Gefühlen und Gedanken, die auch ich habe und verstehe. Die Gefühle eines verrückten Nubiers kenne ich nicht, verstehe ich nicht«.

Die Arbeit am Textbuch wurde im Juni 1870 in Sant'Agata aufgenommen. Du Locle entwarf einen szenischen Aufbau, den Giuseppina und Verdi in Szenen, Rezitative und einzelne Nummern gliederten und den Antonio Ghislanzoni in Verse fasste, wobei Verdi, der zwischendurch sogar nach Ägypten gereist war, die Gestaltung ganzer Szenen nachdrücklich beeinflusste. Oscar Bie sah in dem Libretto eine »Primanerarbeit« und Eduard Hanslick rümpfte die Nase wegen der »ununterbrochenen Elegik« und dem »ägyptischen Kostüm«. Die Komposition beendete Verdi nach vier Monaten Mitte November. Seit Herbst 1870 liefen bereits Vorbereitungen, dazu gehörte auch die Herstellung der von Verdi gewünschten sog. Aida-Trompeten für die Uraufführung und die italienische Erstaufführung, die sich allerdings verzögerten, da die in Paris hergestellten Dekorationen durch den im Juli 1870 begonnenen Deutsch-Französischen Krieg nicht verschifft werden konnten. Verdi nutzte die Zeit, um u. a. die Einleitung zu Aidas Romanze *O patria mia* hinzuzufügen. Die Uraufführung wurde schließlich auf den Dezember 1871 und die Mailänder Erstaufführung für Februar 1872 festgelegt. Die Besetzungsdetails nahmen viel Zeit in Anspruch, schließlich wurden Giovanni Bottesini als Dirigent der Uraufführung und Franco Faccio als Dirigent der Mailänder Premiere verpflichtet, in Mailand übernahm die Titelpartie Teresa Stolz, mit der Verdi eine lebenslange Freundschaft verband. Die triumphal erfolgreiche Kairoer Uraufführung im Dar El-opera Al Misria fand in Gegenwart der Haremsdamen des Khediven statt. Verdi, der nicht nach Kairo gereist war, erhielt den Titel eines Komturs des Osmanischen Ordens. Die Mailänder Aufführung stieß beim Publikum auf gute Resonanz, wurde von der Kritik aber teilweise harsch behandelt; Verdi bekam einen mit Edelsteinen verzierten Elfenbeinstab überreicht. Die ausführliche Ouvertüre, die er ähnlich der zu *La forza del destino* nachträglich komponiert hatte, verwendete er schließlich doch nicht. *Aida* wurde die beliebteste Verdi-Oper an der Scala. Premieren in Berlin (1874, dt. von J. A. Schanz), Paris und Wien folgten rasch.

Neben Aufführungen, die – wie seit 1913 in Verona, in den römischen Caracalla-Thermen oder in Zeffirellis New Yorker Produktion – einem angeblich ägyptischen Historismus mit Elefanten und Pferden huldigen, gibt es zahlreiche Inszenierungen, die sich kritisch mit dem Werk auseinandersetzten: 1961 Wieland Wagner (als »afrikanisches Mysterium«) an der Deutschen Oper Berlin, 1981 Hans Neuenfels in Frankfurt a. M. oder 1993 John Dew in Hamburg. Die bedeutendsten Sängerinnen der Aida nach dem Zweiten Weltkrieg waren Renata Tebaldi, Zinka Milanov, Leontyne Price, Mirella Freni, Sharon Sweet. Das heikle hohe C in ihrer Nil-Arie ist für sie ebenso ein Prüfstein wie die *Celeste Aida*-Arie mit ihrem Pianoschluss für den Tenor. Zu den bedeutendsten Radames-Sängern gehören Carlo Bergonzi, Plácido Domingo, Luciano Pavarotti, José Carreras, die Amneris war eine Glanzrolle von Giulietta Simionato, Grace Bumbry, Fiorenza Cossotto und in den 1990er-Jahren Dolora Zajick.

CD-Empfehlungen

Arturo Toscanini; Herva Nelli, Eva Gustavson, Richard Tucker, Giuseppe Valdengo; NBC Symphony Orchestra (26. März / 2. April 1949; Rundfunkübertragung)

Jonel Perlea; Zinka Milanov, Fedora Barbieri, Jussi Björling, Leonard Warren; Rome Opera Orchestra
RCA 1956 (3 CD)

Tullio Serafin; Maria Callas, Fedora Barbieri, Richard Tucker, Tito Gobbi; Orchestra del Teatro alla Scala Milano
EMI 1956 (2 bzw. 3 CD)

Herbert von Karajan; Renata Tebaldi, Giulietta Simionato, Carlo Bergonzi, Cornell MacNeil; Wiener Philharmoniker
Decca 1959 (3 CD)

Georg Solti; Leontyne Price, Rita Gorr, Jon Vickers, Robert Merrill; Orchestra del Teatro dell'Opera di Roma
Decca 1961 (2 CD)

Otello

Dramma lirico in 4 Akten. Text von Arrigo Boito nach Shakespeares *The Tragedy of Othello, the Moore of Venice* (um 1604). Uraufführung am 5. Februar 1887 in Mailand, Teatro alla Scala.

PERSONEN: Otello/Othello, ein Mohr, Befehlshaber der venezianischen Flotte, Statthalter Venedigs auf Zypern (Tenor) – Jago, Fähnrich (Bariton) – Cassio, Hauptmann (Tenor) – Rodrigo, venezianischer Edelmann (Tenor) – Lodovico, Gesandter der Republik Venedig (Bass) – Montano, Otellos Vorgänger als Gouverneur von Zypern (Bass) – Ein Herold (Bass) – Desdemona, Otellos Gattin (Sopran) – Emilia, Jagos Gattin (Mezzosopran) – Soldaten und Seeleute der Republik Venedig, venezianische Damen und Herren, zypriotische Bevölkerung, griechische, dalmatinische und albanische Krieger, Schenkwirt und Gehilfen, Schiffsvolk u. a.

ORT UND ZEIT: Eine Hafenstadt der Insel Zypern, Ende des 15. Jahrhunderts.

SPIELDAUER: ca. 2¼ Stunden (1. Akt: ca. 30 min.; 2. Akt: ca. 35 min.; 3. Akt: ca. 40 min.; 4. Akt: ca. 30 min.).

1. Akt. Die Handlung setzt unvermittelt, ohne Ouvertüre, ein. Beim Toben eines heftigen Sturms mit Donner und Blitzen verfolgen die Zyprioten vom Hafen aus, wie sich ihre heimkehrende Flotte durch das Unwetter kämpft. Die Galeere Otellos legt am Kai an, und der Flottenbefehlshaber verkündet den Sieg über die Türken (*Esultate / Freut euch alle!*). Im Freudentrubel wirkt nur Rodrigo bedrückt: ihn quält die unerfüllbare Liebe zu Desdemona. Das weiß sich Jago zunutze zu machen, der Otello hasst, weil er Cassio und nicht ihn zum Hauptmann befördert hat. Behutsam fädelt er eine Intrige ein. Er verleitet Cassio, der ebenfalls von Desdemona schwärmt, zum Trinken und hetzt Rodrigo auf ihn, bis beide Männer im Streit liegen. Montano, der in die Auseinandersetzung eingreift, wird von dem betrunkenen Cassio verwundet. Man läutet die Sturmglocke, um

Hilfe zu holen. Otello, aus der Festung aufgeschreckt, tritt dazwischen. Er degradiert Cassio als den Urheber des Streits. Dann kehrt Ruhe ein, die Leute verlaufen sich. Der Abendhimmel klart auf, die Sterne treten hervor. Otello und Desdemona rufen sich die ersten Tage ihrer Liebe in Erinnerung und genießen ihr Glück (Duett *Già nella notte densa / Wie in dem dichten Dunkel*).

2. Akt. Jago rät dem deprimierten Cassio, in Desdemonas Garten zu gehen, um sie dort beim Spaziergang um Fürsprache bei Otello zu bitten, und schickt ihm ein zynisches Bekenntnis seiner Verbundenheit mit allem gottlos Bösen nach (*Credo in un Dio / Ich glaube an einen Gott*). Den auf ihn zutretenden Otello verstehe er durch zweideutige Anspielungen auf Cassio eifersüchtig zu machen und Desdemonas Treue als immerhin prüfenswert hinzustellen. Nachdem Otellos Argwohn erst einmal geweckt ist, bestätigt er sich anscheinend gleich dadurch, dass sich Desdemona bei ihm für Cassio einsetzt. Gereizt wendet sich Otello, Kopfschmerzen vorschützend, ab. Das Taschentuch, das ihm Desdemona mitfühlend auf die Stirn legt, wirft er wütend zu Boden. Emilia hebt es auf, doch Jago entwendet es ihr sofort, um es als Beweisstück in seine Intrige einzufügen. Nachdem die Damen gegangen sind, fordert Otello von Jago Beweise für Desdemonas Untreue. Wie Gift lässt Jago seine Worte niederträufeln: er habe Cassio im Schlaf von seiner heimlichen Liebe zu Desdemona sprechen gehört, wobei dieser ein bestimmtes Taschentuch von ihr in seinen Händen hielt (*Era la notte, Cassio dormia / Es war zur Nachtzeit*). Blind und rasend vor Eifersucht schwört Otello Rache. Jago stimmt triumphierend in den Racheschwur ein (*Sì, pel ciel marmoreo giuro! / Ja, beim Himmel will ich schwören!*).

3. Akt. Um Otello weitere Beweise für Cassios Schuld zu liefern, bietet Jago an, den Ex-Hauptmann in ein entlarvendes Gespräch zu verwickeln, das Otello belauschen könne. Unglücklicherweise kommt Desdemona gleich darauf wie-

der auf Cassio zu sprechen. Otello verlangt das bewusste Taschentuch zu sehen, ein Geschenk, das er ihr zu Beginn ihrer Liebe machte, und steigert sich in rasende Wut, als sie es nicht vorzeigen kann. Trotz aller Beteuerungen ihrer Unschuld beschimpft er sie als Dirne und weist sie aus dem Raum. In tiefer Niedergeschlagenheit bleibt er allein zurück (*Dio! mi potevi scagliar / Gott! Wären auf mich gehäuft alle Qualen*). Jago tritt ein. Das arrangierte Gespräch mit Cassio beginnt. Darin geht es um Cassios Geliebte Bianca, deren Name nur ganz leise fällt; was der lauschende Otello jedoch hört, muss er folglich ganz auf Desdemona beziehen, da ja auch in Cassios Händen das bewusste Taschentuch, welches Jago ihm zugespielt hat, zu sehen ist. Otello hat nur noch einen Gedanken: Desdemona zu töten! Jago rät ihm, sie dort zu töten, wo sie gesündigt habe, im Bett. Er selbst will sich um Cassio kümmern. Fanfaren verkünden die Ankunft einer venezianischen Delegation. Lodovico überreicht Otello ein Schreiben des Dogen, worin er nach Venedig zurückbeordert wird. Cassio wird seine Nachfolge antreten. Als Desdemona in diesem größeren Kreis erneut um Begnadigung für Cassio bittet, beleidigt Otello sie auf rüdeste Weise und schleudert sie vor allen Anwesenden zu Boden. Jago versichert sich indessen der Mithilfe Rodrigos bei der Ermordung Cassios. Otello weist alle aus dem Saal, verflucht Desdemona und bricht ohnmächtig zusammen. Jago triumphiert über den gefallenen »Löwen von Venedig«.

4. Akt. In ihrem Schlafgemach bereitet sich Desdemona mit Emilias Hilfe zur Nachtruhe vor. Voll banger Vorahnungen erinnert sie sich an ein trauriges Lied, das die Magd ihrer Mutter immer sang, das Lied vom Weidenbaum (*Mia*

Otello – Mirella Freni als Desdemona, Placido Domingo als Otello; Inszenierung von John Neumeier an der Bayerischen Staatsoper München (1977)

Foto: Anne Kirchbach, Starnberg

madre aveva una povera ancella / Meine Mutter hatte eine arme Magd). Desdemona entlässt Emilia, dann kniet sie nieder zum Gebet (*Ave Maria, piena di grazia / Ave Maria, du bist voller Gnaden*) und geht zu Bett. Otello tritt ein, küsst sie wach und fragt, ob sie zur Nacht gebetet und ihre Sünden bereut habe, denn bald werde es zu spät dafür sein. Desdemona beteuert ihre Unschuld und bittet, Cassio zu holen, der diese bezeugen werde. Doch Cassio ist tot. Otello erwürgt sie auf dem Bett. Emilia klopft, um Otello zu berichten, dass Cassio den Anschlag überlebt und Rodrigo getötet hat. Entsetzt ruft sie nach Hilfe für die sterbende Desdemona, die selbst jetzt noch die Größe hat, mit ihren letzten Worten sich des Selbstmords zu bezichtigen. Lodovico, Cassio, Jago und Montano eilen herbei. Vor allen Anwesenden entlarven Emilia und Montano, dem Rodrigo das Komplott gestanden hat, Jago als den Urheber der tödlichen Intrige. Jago flieht. Otello ersticht sich vor dem Bett Desdemonas (*Niun mi tema, s' anco armato mi vede / Keiner fürchte den bewaffneten Feldherrn*).

15 Jahre nach *Aida* und 40 Jahre nach seiner ersten Shakespeare-Vertonung (*Macbeth*, 1847) begann Verdi mit der Komposition seiner vorletzten Oper. 1862 bereits hatte er den damals 22-jährigen Arrigo Boito kennen gelernt; Verdi fasste Vertrauen zu dem 29 Jahre jüngeren Autor und Komponisten und nahm gemeinsam mit ihm nach der Umarbeitung des *Simon Boccanegra* seine beiden letzten Opern in Angriff. Im Sommer 1879 hatte Giulio Ricordi das Augenmerk des Komponisten auf *Otello* gelenkt. Verdi gehörte zu den größten Bewunderern Shakespeares, dessen Werke er seit frühester Jugend immer wieder gelesen hatte; um 1850 hatte er sogar die Idee, alle bedeutenden Werke des Dichters zu vertonen.

Verdi, der selbst noch nie an den *Otello* gedacht hatte, war nicht abgeneigt. Als Librettist wurde Boito, der bereits für Faccio einen *Hamlet* und für Ponchielli *La Gioconda* geschrieben hatte, ausgewählt. Wenige Tage später erschien Boito mit einem skizzierten Entwurf. Als Grundlage diente ihm die französische Übersetzung von François Hugo (1860). Verdi beauftragte ihn, das Libretto auszuarbeiten. Erst vier Jahre später begann Verdi mit der Komposition, doch in der Zwischenzeit, unterbrochen von der Neufassung des *Simon Boccanegra* (1881) und der Überarbeitung des *Don Carlos* (1882), feilte er mit Boito an dem Textbuch. Boito wollte auf den 1., in Venedig spielenden Akt verzichten, Verdi wünschte sich eine Massenszene für den 3. Akt.

Wie Mozart und Da Ponte zuvor, Strauss und Hofmannsthal danach, arbeiteten Verdi und Boito aufs Glücklichste zusammen. Im März 1884 begann Verdi mit der Komposition, die, nach achtmonatiger Unterbrechung, 1885 wieder aufgenommen und am 5. Oktober fertiggestellt wurde (»ich habe den 4. Akt vollendet und atme nun wieder«). Im folgenden Jahr instrumentierte Verdi das Werk, im Januar 1886 erhielt es seinen endgültigen Titel *Otello* (nachdem es zuvor »Jago« hieß), und im Mai erfand Verdi Otellos berühmten Auftritt *Esultate*. Im Dezember 1886 schloss Verdi die Partitur ab, am 21. Dezember schrieb er seinem Textdichter: »Der Traum ist Wahrheit geworden«.

Die Uraufführung im folgenden Jahr an der Mailänder Scala mit Francesco Tamagno in der Titelrolle und Victor Maurel (der später auch Falstaff kreierte) als Jago, wurde zum Triumph für den 74-jährigen Komponisten. Trotz der Kritik, Verdi verrate die italienische Operntradition, wurde *Otello* als subtile Verschmelzung von Text und Musik, von Orchesterfarben, deklamatorischem und ariosem Gesang selbst von Gegnern und Wagner-Anhängern bewundert. Beginnend mit dem grandiosen Orchesteraufschrei der archaischen Sturmszene, die als Exposition den entfallenen 1. Akt von Shakespeares Drama mehr als ersetzt, dem wild aufblitzenden Freudenfeuer (*Fuoco di gioia*) und dem nächtlichen Liebesgesang Otellos und Desdemonas unter dem Sternenhimmel, durchdringen sich Natur- und Seelenbeschreibung. Die brillante Umsetzung verrät eine grenzenlose Beherrschung der Mittel, aber auch jugendliche Vitalität und Leidenschaft. Obwohl der Gesang ganz von der Handlung aufgesogen scheint, lassen sich einzelne ›Nummern‹, die weitgehend kompromisslos mit der Handlung verflochten sind, unterscheiden: Jagos Trinklied im 1. Akt (*Inaffia l'ugola! Trinca, tracanna / Netz dir den Gaumen, trink*), sein von Boito hinzugedichtetes Credo (*Credo in un Dio / Ich glaube an einen Gott*) und das Racheduett Otello/Jago im 2. Akt (*Si, pel ciel marmoreo giuro! / Ja, beim Himmel will ich schwören!*), das mit einer diesmal gar nicht konventionell wirkenden Cabaletta endet, der verzweifelte Monolog Otellos (*Dio! Mi potevi scagliar / Gott! Wären auf mich gehäuft alle Qualen*), das großartige Concertato (*Quell' innocente un fremito / Das unschuldige Herz spricht kein Wort*) und der abschließende satanische Triumph Jagos im 3. Akt (*Ecco il Leone! / Da seht den Löwen!*), Desdemonas Lied vom Weidenbaum (*Mia madre aveva una povera ancella ... Piangea cantando nell'erma landa ... Ave Maria, piena di grazia / Meine Mutter hatte eine Magd ... Sie sang und weint' auf der einsamen Heide ... Ave Maria, voll der Gnade*) und Otellos Selbstmord im Schlussakt (*Credo in un Dio / Ich glaube an einen Gott*).

Ein Jahr nach seiner Uraufführung erlebte *Otello* seine deutsche Erstaufführung (dt. von Max Kalbeck) in Hamburg; für die Pariser Aufführung komponierte Verdi 1894 für die Ankunft Lodovicos eine siebenteilige Balletteinlage. Er verbot jedoch, dass dieses Zugeständnis an den französischen Geschmack in die gedruckte Partitur aufgenommen wird. Dieses Ballett ist Verdis letzte Komposition (!) für die Bühne. Eine neue Übersetzung schuf Walter Felsenstein für seine berühmte Inszenierung an der Komischen Oper Berlin (1959), die für lange Zeit Maßstäbe setzte. Maßstabsetzend waren auch die Aufführungen unter Herbert von Karajan in Wien (1960) und Salzburg (1970), Carlos Kleiber in München (1977, Inszenierung: John Neumeier) und in New

York (1990, Inszenierung: Franco Zeffirelli) sowie Peter Steins Brüsseler Inszenierung (1987). Die großen Otello-Interpreten der zweiten Hälfte des 20. Jahrhunderts waren Mario del Monaco, Jon Vickers, James McCracken, Carlo Cossutta, Vladimir Atlantov, Plácido Domingo und José Cura.

Aus den Einkünften der Oper erwarb Verdi ein Grundstück im Zentrum Mailands, auf das er von dem Architekten Camillo Boito, dem Bruder Arrigos, die *Casa di Riposa per Musicisti*, Verdis Altersheim für Musiker, erbauen ließ.

CD-Empfehlungen

Arturo Toscanini; Herva Nelli, Ramon Vinay, Giuseppe Valdengo; NBC Symphony Orchestra (6./13. Dezember 1947; Rundfunkübertragung)
BMG (2 CD)

Tullio Serafin; Leonie Rysanek, Jon Vickers, Tito Gobbi; Rome Opera Orchestra
RCA 1961 (2 CD)

John Barbirolli; Gwyneth Jones, James McCracken, Dietrich Fischer-Dieskau; New Philharmonia Orchestra
EMI 1970 (2 CD)

Herbert von Karajan; Mirella Freni, Jon Vickers, Peter Glossop; Berliner Philharmoniker
EMI 1974 (2 CD)

Falstaff

Commedia lirica in 3 Akten. Text von Arrigo Boito nach William Shakespeares *Die lustigen Weiber von Windsor* (um 1598) und Motiven aus *König Heinrich IV.* (um 1598). Uraufführung am 9. Februar 1893 in Mailand, Teatro alla Scala.

PERSONEN: Sir John Falstaff (Bariton) – Ford, Alices Gatte (Bariton) – Fenton (Tenor) – Dr. Cajus (Tenor) – Bardolfo und Pistola, in Falstaffs Diensten (Tenor, Bass) – Mrs. Alice Ford (Sopran) – Nannetta, ihre Tochter (Sopran) – Mrs. Quickly (Mezzosopran) – Mrs. Meg Page (Mezzosopran) – Der Wirt des Gasthofs »Zum Hosenbande« (stumme Rolle) – Robin, Falstaffs Page (stumme Rolle) – Ein kleiner Page bei Ford (stumme Rolle) – Bürger von Windsor, Diener Fords, Maskierte (Kobolde, Feen, Hexen) u. a.

ORT UND ZEIT: Windsor, zur Zeit Heinrichs IV. (1399–1413).

SPIELDAUER: ca. 2 Stunden (1. Akt: ca. 30 min.; 2. Akt: ca. 45 min.; 3. Akt: ca. 45 min.).

1. Akt. Den im Gasthof »Zum Hosenbande« zechenden dicken, alten Ritter John Falstaff stellt Dr. Cajus zur Rede. Er habe Cajus' Diener geschlagen, seine Stute zuschanden geritten und sei sogar in sein Haus eingebrochen. Überdies hätten ihn Falstaffs Diener Bardolfo und Pistola bestohlen. Falstaff lässt die Klage ungerührt über sich ergehen. Nachdem Cajus unverrichteter Dinge abgezogen ist, beschimpft er nur seine Diener als Stümper. Um sich neue Geldquellen zu erschließen, hat der sehr von der Anziehungskraft seiner Männlichkeit überzeugte Falstaff zwei wohlhabenden Bürgersgattinnen, Alice Ford und Meg Page, Liebesbriefe geschrieben und sie zu einem Rendezvous gebeten. Bardolfo und Pistola weigern sich, diese Briefe zuzustellen, da ihnen das Vorhaben gegen die Ehre gehe. Ein Page muss diese Aufgabe übernehmen. Seinen beiden Dienern aber hält Falstaff eine Standpauke über die Ehre, den »faulen Zauber« (*L'onore! ladri! / Die Ehre! Diebe!*), und jagt sie zum Teufel

– Alice und Meg amüsieren sich mit Nannetta und Mrs. Quickly über die gleich lautenden Liebespostillen des dicken Säufers und hecken einen Plan aus, wie sie ihn zum Narren halten könnten. Auf ihrem Weg nach Hause wird Ford und Cajus von Bardolfo und Pistola reiner Wein eingeschenkt über die Absichten ihres ehemaligen Herrn. Sie bieten ihm ihre Dienste an. So entwickeln auch die Herren einen Plan. Die eifrigen Gespräche geben Nannetta und Fenton Gelegenheit zu zwei raschen Küssen, die allerdings heimlich geschehen, denn Ford hat Dr. Cajus als Gatten für seine Tochter vorgesehen.

2. Akt. Scheinbar reumütig kehren Bardolfo und Pistola zu Falstaff zurück und melden ihm Mrs. Quickly (*Reverenza*), die mit übertriebener Schmeichelei Alices freudiges Einverständnis übermittelt; zwischen zwei und drei Uhr sei ihr eifersüchtiger Mann nicht im Haus. Meg allerdings bedaure tief, mitteilen zu müssen, dass ihr Gatte fast nie außer Haus gehe. Falstaff glaubt also guten Grund zu haben, sich seiner immer noch enormen Anziehungskraft bei den Frauen brüsten zu dürfen (*Va, vecchio John / Geh, alter John*). Kurz darauf stellt sich ihm Ford als »Signor Fontana« vor. Er habe von Falstaffs Verführungskünsten gehört und bitte ihn, gegen entsprechende Bezahlung, bei der von ihm geliebten, aber sehr spröde sich gebenden Frau Alice Ford gewisse amouröse Vorarbeiten zu leisten. Darauf geht Falstaff ohne Umstände ein, ja er prahlt, noch heute zwischen zwei und drei, wenn der Gatte nicht da sei, Alice in den Armen zu halten. Ford tobt vor Eifersucht (*E sogno! O realtà / So träum ich, oder ist's wahr?*), während Falstaff sich zum Umkleiden zurückgezogen hat. Im Hause Fords schildert Quickly den Damen höchst angeregt ihre Begegnung mit Falstaff. Die Frauen müssen aber erst einmal Nannetta trösten, die den Pedanten Dr. Cajus nicht zum Mann haben will. Alles wird für den Spaß vorbereitet. Dann tritt Falstaff ein und geriert sich vor Alice als balzender Draufgänger (*Quand'ero paggio / Einstens als Page*). Alice spielt einiger-

maßen mit, bis sie unterbrochen werden von der hereinplatzenden Mrs. Quickly, eine atemlose Meg ankündigend, die, wie abgesprochen, die Rückkehr Fords meldet. Ford kommt tatsächlich und tobt, wie Quickly jetzt anzukündigen hat. Falstaff versteckt sich hinter einem Wandschirm, und augenblicklich stürmt Ford mit einigen Leuten herein. Man jagt durch alle Räume auf der Suche nach Sir John. Dadurch finden die Frauen Gelegenheit, ihn in einem Korb mit Schmutzwäsche zu verstecken. Der Wandschirm ist nun für Nannetta und Fenton für ein verborgenes Tête-à-tête frei. Ford, der Alice und Falstaff hinter diesem Wandschirm vermutet, rüstet mit allen Männern zum Angriff. Der Schirm fällt, doch Ford findet seine Tochter mit Fenton vor. Fenton wird aus dem Haus geworfen. Den Wäschekorb aber lassen die Frauen unter großem Gelächter zum Fenster in den Fluss hinausleeren. Alice zeigt ihrem Gatten, was dabei alles herausfällt.

3. Akt. Übel gelaunt lässt sich der frierende Falstaff im Gasthaus einen Glühwein bringen und sinniert über die Bosheit der Welt (*Mondo ladro / Welt voll Undank*). Unter dem Einfluss des Weines weicht sein Zorn, und er hört trotz des Geschehenen Mrs. Quickly an, die ihm eine neuerliche Einladung Alices überbringt. Um Mitternacht möge sich Falstaff bei Hernes Eiche im Wald von Windsor, wo die Geister schwärmen, einfinden, verkleidet als »Schwarzer Ritter«, mit dessen Geweih auf dem Kopf. Der dicke Alte fängt sogleich wieder Feuer, wie Alice, Nannetta, Meg, Ford und Dr. Cajus amüsiert aus dem Hinterhalt beobachten (Alice: *Quando il rintocco della mezzanotte / Kaum dass die Glocke Mitternacht geschlagen*). Beim Auseinan-

Falstaff – Victor Braun als Falstaff;
Inszenierung von Andreas Homoki an der
Komischen Oper Berlin (1996)

Foto: Bernd Uhlig, Berlin

dergehen fängt Mrs. Quickly einen vertraulichen Hinweis Fords an Cajus auf, wonach der Doktor als Mönch verkleidet zur Geisterstunde zur Eiche kommen solle. Ford will ihn dann unverzüglich mit Nannetta trauen. Sie teilt diese Neuigkeit sofort Nannetta mit. – Bei Mondlicht fühlt sich Fenton zu einem zarten Liebeslied animiert (*Dal labbro il canto / Dem Mund entflieht ein Lied*), aber Alice und die als Feenkönigin gekleidete Nannetta zwängen ihn in eine Mönchskutte. Nach und nach beziehen alle Masken ihre Posten. Um Mitternacht erscheint Falstaff, das Geweih auf dem Kopf und höchst zudringlich sich Alice nähernd, die ihm bald entwischt. Ein zauberhafter Geisterreigen hebt an, von der Feenkönigin (*Sul fil d'un soffio etesio / Auf sanften Zephyrs Wellen*) angeführt und jäh unterbrochen durch die Entdeckung, dass hier ein Mensch ist. Alle machen sich über Falstaff her, zwicken, zwacken und stechen ihn. Falstaff wird demaskiert, verhöhnt, verlacht und zum Bereuen aller Missetaten gezwungen. Doch das Spiel sei noch nicht zu Ende: Mrs. Quickly stülpt Bardolfo das Kostüm der Feenkönigin über, und als Ford zur Krönung der Maskerade die Hochzeit der Feenkönigin und eines weiteren Paares vollzieht, dann die Masken fallen, stellt sich heraus, dass Nannetta mit Fenton und Dr. Cajus mit Bardolfo vermählt wurde. Wer ist denn nun der Betrogene, stellt Falstaff süffisant die Frage. Man ist sich rasch einig: Alle sind Betrogene, und »alles ist Spaß auf Erden« (*Tutto nel mondo è burla*).

53 Jahre nachdem 1840 seine erste und einzige komische Oper *Un giorno di regno* an der Mailänder Scala schmählich durchgefallen war, erlebte Verdi, eben an diesem Hause, mit der »komödiantischen Schwester der tragischen *Otello*« den letzten Triumph seiner viele Jahrzehnte andauernden Karriere als bedeutendster italienischer Opernkomponist.

1847 hatte Rossini das Wort von dem jungen Komponisten, der niemals eine komische Oper schreiben werde, in

Umlauf gesetzt, ein vernichtendes Urteil, über das sich Verdi noch nach mehr als 30 Jahren ärgerte, wie er seinem Verleger Ricordi in einem Brief mitteilte. Zu diesem Zeitpunkt hatte er den Stoff für eine komische Oper, den er noch geheim hielt, bereits gefunden. An den Verdi-Biographen Monaldi schrieb er nämlich 1890: »Seit vierzig Jahren wünsche ich mir, eine komische Oper zu schreiben, und seit fünfzig Jahren kenne ich die *Lustigen Weiber von Windsor*«. 1849 waren die *Lustigen Weiber von Windsor* von Otto Nicolai uraufgeführt worden, der das *Nabucco*-Libretto abgelehnt hatte, das dann Verdi übertragen wurde.

Dennoch fiel es dem Mittsiebziger Verdi nicht leicht, eine neue Oper vorzubereiten. An Boito schrieb er am 7. Juli 1889: »Haben Sie, als Sie den *Falstaff* entwarfen, je an mein hohes Alter gedacht?« Dieser hatte schlau gemeint: »Eine komische Oper zu schreiben, wird Sie, wie ich glaube, nicht anstrengen. Es gibt nur einen Weg, besser Schluss zu machen als mit dem *Otello*, und das ist der, siegreich mit dem *Falstaff* zu enden. ... Nachdem Sie alle Schreie und Klagen des Menschenherzens ertönen ließen, mit einem gewaltigen Ausbruch der Heiterkeit zu endigen«. Verdi willigte ein: »Amen! So sei es. Machen wir also den *Falstaff*!«

Das komplette Buch liegt im März 1890 vor, eine eigenständige, scharf umrissene Komödie, die Boito aus *Heinrich IV.* und den *Lustigen Weibern von Windsor* herausschälte. Mit seiner straffen, meisterhaften Architektur – die Figuren sind von 20 auf 8, die Betrugsepisoden von drei auf zwei reduziert – lässt Boitos Text das Vorbild hinter sich. Verdi macht sich rasch an die Arbeit, beteuert aber, dass er nur zu seinem eigenen Vergnügen komponiert. Im Herbst 1892 ist die Arbeit abgeschlossen. Die Premiere findet, obwohl sie Verdi am liebsten in Sant'Agata gesehen hätte, natürlich an der Scala statt; es dirigiert Faccios Nachfolger Edoardo Mascheroni, den Falstaff singt Victor Maurel. Im Publikum sitzen Giacomo Puccini und Pietro Mascagni. Noch am Tag der Uraufführung war Verdi unsicher: »Ich weiß nicht, ob ich die fröhliche, die wahre und vor allem die aufrichtige Note getroffen habe.«

Natürlich war der *Falstaff* sofort ein Erfolg, obwohl die wahre Bedeutung dieses wundervollen Meisterwerks, die quecksilbrig funkelnden Ensembles, der hinreißende rhythmische Witz, die schlagfertig pointierten Einwürfe, Witz, Geist und Poesie des plappernd hurtigen Parlandos, die buffoneske Eleganz und das gestische Singen der alten Commedia dell'arte und die Raffinesse des elfenhaft sprechenden Orchestersatzes erst später ganz erkannt wurden. Boito schwärmte: »Leben Sie einmal für zwei Stunden in den Gärten des *Decamerone* und atmen Sie den Duft der Blumen, die Noten sind, den Hauch der Winde, die Klänge sind«.

George Bernard Shaw tat das Stück als »bedeutungsloses Marionettentheater, das nur zum Vergnügen eines alten Mannes geschaffen wurde«, ab. Wie der *Otello* wurde der *Falstaff* zu einer Oper der Dirigenten. Toscanini hat das Werk immer wieder (erstmals 1898 an der Scala, zuletzt 1950 in New York) und auf unübertroffene Weise dirigiert, ebenso Klemperer 1928 an der Kroll-Oper, Tullio Serafin 1941 an der Römischen Oper, Leonard Bernstein 1966 in Wien, Herbert von Karajan bei den Salzburger Festspielen (1957 und 1981), Carlo Maria Giulini 1955 in Edinburgh und 1982 in Los Angeles, Michael Gielen 1972 beim Holland-Festival, Lorin Maazel 1980 an der Mailänder Scala (Inszenierung: Giorgio Strehler), Riccardo Muti 1993 (ebenfalls in Mailand), Claudio Abbado 1998 an der Berliner Staatsoper. Vielbeachtete Inszenierungen der letzten Jahre stammen von Peter Stein (1988, Cardiff) und Andreas Homoki (1996, Berlin, Komische Oper).

Der Titelrolle hat Mariano Stabile ebenso den Stempel seiner Persönlichkeit aufgedrückt wie Tito Gobbi, Giuseppe Taddei und Rolando Panerai, später Ingvar Wixell, Ruggero Raimondi und Juan Pons. Daneben ist, obwohl die Oper eine Ensemble-Oper par excellence ist, die Rolle der

Mrs. Quickly mit ihrem derb-komisch prallen »Reverenza« eine Paraderolle für tiefe Frauenstimmen. Wie wichtig sie Verdi war, ersieht man daran, dass er unbedingt Giuseppina Pasqua, die 1884 in der italienischen Erstaufführung die Eboli kreiert hatte, dafür gewinnen wollte. Die Quickly wurde u. a. von Fedora Barbieri, Giulietta Simionato, Regina Resnik, Christa Ludwig und Marjana Lipovsek gesungen.

Mit der Schlussfuge *Tutto nel mondo è burla / Alles auf Erden ist Spaß* hat Verdi nicht nur ein beglückendes Resümee gezogen, sondern auch die Lebenskraft der italienischen Buffo-Oper bewiesen, die in den Werken von Wolf-Ferrari oder im *Gianni Schicchi* Puccinis nochmals kurz aufflackern sollte. Verdis letzte Zeile: *Ma ride ben chi ride la risata final! / Wer zuletzt lacht, lacht am besten.*

CD-Empfehlungen

Herbert von Karajan; Tito Gobbi, Elisabeth Schwarzkopf, Fedora Barbieri, Rolando Panerei; Philharmonia Orchestra
EMI 1957 (2 CD)

Leonard Bernstein; Dietrich Fischer-Dieskau, Ilva Ligabue, Regina Resnik, Rolando Panerei; Wiener Philharmoniker
Sony 1966 (2 CD)

Carlo Maria Giulini; Renato Bruson, Katia Ricciarelli, Lucia Valentini Terrani, Leo Nucci; Los Angeles Philharmonic Orchestra
Deutsche Grammophon 1983 (2 CD)

Librettisten

Boito, Arrigo (24. 2. 1842 Padua – 10. 6. 1918 Mailand), Schriftsteller und Komponist. Schon 1853, mit 11 Jahren, begann B., Sohn eines italienischen Malers und einer polnischen Gräfin, am Mailänder Konservatorium zu studieren und schloss das Studium 1861 mit 2 Kantaten ab, zu denen er die Texte verfasst und zusammen mit Franco Faccio (1840–1891) die Musik komponiert hatte. Während einer Reise durch Frankreich, Polen und Deutschland schrieb er den Text zur Kantate *Inno delle nazioni*, die Verdi für die Pariser Weltausstellung 1862 vertonte. Vielseitig auch als Schriftsteller tätig, beschäftigte er sich damals bereits mit Plänen zu einer *Faust*-Oper, dem späteren *Mefistofele* (1868 an der Scala uraufgeführt), und einer *Nero*-Oper. Für Faccio schrieb B. das Textbuch zu *Amleto* (Hamlet). Stark von der literarischen Romantik Frankreichs und der deutschen Musik, besonders von Richard Wagner, angezogen, gehörte B. in Mailand dem um 1860 sich formierenden fortschrittlichen Dichterkreis der »Scapigliatura« (von ital. *scapigliare* ›ausschweifend leben‹) an. Während er Opernübersetzungen und Musikeditionen vorbereitete, u. a. von Webers *Freischütz* sowie Wagners *Rienzi* und *Tristan*, arbeitete er an einer Revision seines *Mefistofele*. B. war immer auch als Librettist für andere Komponisten tätig, teilweise unter dem Anagramm Tobia Gorrio, u. a. verfasste er *La Gioconda* für Ponchielli (1876). Für Eleanora Duse, mit der ihn eine lange Freundschaft verband, schuf er eine italienische Version von Shakespeares *Antony and Cleopatra* (1888). Als Höhepunkt seines künstlerischen Lebens betrachtete B. seine Zusammenarbeit mit Verdi, für den er die Revision des *Simon Boccanegra* (1881) sowie die meisterhaften Shakespeare-Adaptionen *Otello* (1887) und *Falstaff* (1893) schrieb. Die Arbeit an seiner eigenen *Nero*-Oper, deren 1901 veröffentlichtes Textbuch großes Aufsehen erregte, hat Boito nie abgeschlossen – die Uraufführung des von Toscanini, Smareglia und Tommasini vollendeten Werkes fand erst 1924 statt.

Cammarano, Salvatore (19. 1. 1801 Neapel – 17. 7. 1852 ebd.), Maler, Dramatiker, Regisseur und Librettist. C. entstammte einer neapolitanischen Theaterfamilie. Er arbeitete als Bühnenmaler und Regisseur am Teatro San Carlo in Neapel und trat 1834 erstmals als Librettist hervor. Barbaja ernannte ihn als Nachfolger Gilardonis zum Hofdichter der königlichen Bühnen in Neapel. Er schrieb 9 Texte für Mercadante und 6 für Pacini (darunter *Saffo*). Für Donizetti, mit dem ihn eine enge Freundschaft verband, entstanden nach *Lucia di Lammermoor* u. a. die Texte zu *L'assedio di Calais* (1836), *Belisario* (1836), *Pia de Tolomei* (1837), *Maria di Rudenz* (1838), *Maria di Rohan* (1843) und *Poliuto* (1848). Damit gehörte C. bald zu den führenden Librettisten Italiens. Seine erfolgreiche Zusammenarbeit mit Verdi begann 1841 mit der Bearbeitung eines Stückes von Voltaire für die Oper *Alzira* und setzte sich mit *La battaglia di Legnano*, *Luisa Miller* und *Il trovatore* fort. Verdi bewunderte C.s ausdrucksvolle Diktion (»la parola scenica«), mit der er den Gehalt einer Szene traf. C. bediente sich spanischer und englischer Vorlagen und wurde zum Hauptlieferanten bühnenwirksamer romantischer Libretti.

Du Locle, Camille (16. 7. 1832 Orange – 9. 10. 1903 Capri), Librettist. D. L. war der Schwiegersohn Émile Perrins, der u. a. 1862–73 die Pariser Opéra leitete und Verdi den Auftrag zu *Don Carlos* gab. Selber war D. L. 1870–76 Direktor der Pariser Opéra Comique. Nach dem Tod von Joseph Méry vollendete er das Libretto zu Verdis *Don Carlos* und verfasste das originale frz. Textbuch zu *Aida*, das für die Komposition ins Italienische übertragen werden musste. *Aida* und *La forza del destino* übersetzte er zusammen mit Charles-Louis-Étienne Nuitter (1828–1899). Außerdem übersetzte er weitere Werke Verdis ins Französische, verfasste Texte zu Reyers *Salammbo* und *Sigurd* und regte Bizet zur *Carmen* an.

Duveyrier, Charles (12. 4. 1803 Paris – 10. 11. 1866 ebd.), Bühnenautor. D. schrieb Libretti zu Balletten (*La chatte métamorphosée en femme*, 1837), verfasste gemeinsam mit Eugène Scribe u. a. den Text zu Montforts Einakter *Polcinelle* (1839), aber auch zu Donizettis *Le Duc d'Albe* (1839), den sie 1854 für Verdi zu *Les vêpres siciliennes* (1855) umarbeiteten.

Ghislanzoni, Antonio (25. 11. 1824 Lecco – 16. 7. 1893 Caprino Bergamasco), Librettist. G. führte ein bewegtes Leben, das sich durch seine patriotische Einstellung oft am Rande der Legalität bewegte. Er studierte Medizin, trat 1846–55 als Bariton in Frankreich und Italien auf und veröffentlichte die Novelle *Gli artisti da teatro*. Nach seiner Sängerlaufbahn war er ab Mitte der 1850er-Jahre als Journalist und Verleger tätig und gab *Italia musicale*, *Gazzetta musicale* und *Rivista minima* heraus. Verbunden bleibt sein Name u. a. mit der Verfassung zu Verdis *Aida* und der Revision von Piaves Text zu *La forza del destino*. Eigenständiger sind seine Libretti für Petrella (*I promessi sposi*, 1869), Ponchielli (*I lituani*, 1874), Gomes (*Salvator Rosa*, 1874) und Catalani (*Edmea*, 1886). Insgesamt verfasste er 85 Libretti.

Maffei, Andrea Graf (1798–1885), Dichter, Übersetzer und Germanist. M. war ein enger Freund Verdis, arbeitete mit am Text zu *Macbeth* und verfasste das Libretto zu *I masnadieri*. In M.s Übersetzung von Schillers *Wallenstein* fand Verdi die Vorlage zu der Kapuzinerpredigt des Fra Melitone in *La forza del destino*. Außerdem schuf er neben Goethe-, Byron-, Grillparzer- und Milton-Übertragungen die ital. Übersetzung von Heines Tragödie *William Ratcliff*, die in der Vertonung von Mascagni (1895) eine der ersten Literaturopern wurde. Die 1846 von M. geschiedene Gattin Clara (1814–1886) unterhielt ab 1840 einen intensiven Briefwechsel mit Verdi. Sie förderte patriotisch gesinnte Künstler und setzte sich für die Mitglieder der »Scapigliatura« ein, einer Bewegung, der ab etwa 1860 Maler wie Musiker angehörten, die sich einer bürgerlichen Ästhetik verweigerten und eine Verschmelzung der Künste anstrebten.

Méry, François-Joseph-Pierre (21. 1. 1797 Marseille – 17. 6. 1865 Paris), Schriftsteller. Der Verfasser mehrerer Napoleon-Dramen starb über der Arbeit am *Don Carlos*-Libretto. Er ist auch der Autor von *La bataille de Toulouse*, der Vorlage zu Cammaranos Libretto *La battaglia di Legnano* für Verdi.

Montanelli, Giuseppe (21. 1. 1813 Fucecchio b. Florenz – 17. 6. 1862 ebd.), Politiker, Juraprofessor. Verdi zog den im Pariser Exil lebenden toskanischen Patrioten als Mitarbeiter für das Textbuch zu *Simon Boccanegra* hinzu. Der Komponist hielt sich ab Sommer 1856 bis Januar 1857 wegen eines Rechtsstreits und anlässlich der französischen Erstaufführung des *Trovatore* in Paris auf und war offenbar von dem Libretto, das ihm Piave geschickt hatte, nicht überzeugt. Welcher Anteil M. an dem Textbuch zukommt, ist nicht mehr feststellbar. Piave wusste offenbar von M.s Mitarbeit, dessen Name nicht als Verfasser auf dem Libretto auftaucht, nichts.

Piave, Francesco Maria (18. 5. 1810 Murano – 5. 3. 1876 Mailand), Textdichter. P. zählt zu den gewandtesten Opernlibrettisten Italiens. Zunächst beabsichtigte er Priester zu werden, trat um 1828 in Rom als Literat hervor, kehrte 1838 nach Venedig zurück, war 1848–59 Dichter am Teatro La Fenice in Venedig und anschließend an der Mailänder Scala. Neben Libretti für Mercadante, Pacini, Ponchielli verfasste er für Verdi zwischen 1843 und 1862 zehn Libretti, in denen häufig dramatische persönliche Schicksale im Mittelpunkt stehen: *I due Foscari* (1844), *Ernani* (1844), *Macbeth* (1847), *Il Corsaro* (1848), *Stiffelio* (1850), *Rigoletto* (1851), *La Traviata* (1853), *Simon Boccanegra* (1857), *Aroldo* (1857), *La forza del destino* (1862). Verdi war vor allem von der Singbarkeit von Piaves geschmeidig-eleganten Phrasen angetan, ließ aber *Macbeth* und *La forza del destino* revidieren. Als Piave durch einen Schlaganfall gelähmt und geistig umnachtet wurde, richtete Verdi eine Stiftung für dessen Tochter ein.

Piazza, Antonio (1742 Venedig – 1825 Mailand), Dichter, Dramatiker und Journalist. Als Mitarbeiter der *Gazzetta urbana veneta* folgte P. in seinen Bühnenstücken dem Modell Goldonis und ließ sich in seinen Romanzen von französischen Vorbildern inspirieren. Von P. stammt das Libretto zu dem verschollenen *Rocester*, bei dem es sich möglicherweise um eine Erstfassung des *Oberto* handelt. Verdi äußerte sich dazu 1871: »*Oberto di S. Bonifacio* wurde von Solera verändert und erweitert auf Grund eines Librettos von Antonio Piazza mit dem Titel *Lord Hamilton*«.

Royer, Alphonse (10. 9. 1804 Paris – 11. 4. 1875 ebd.), Bühnenautor. R. war zeitweise Direktor der Pariser Opéra. Als Autor schuf er mit Vaëz die französische Fassung von Donizettis *Lucia di Lammermoor* als *Lucie de Lammermoor* (1839) und den Text zu dessen *La Favorite* (1840; ursprünglich entstanden als *L'Ange de Nisida*, 1839). Gemeinsam mit Vaëz entstand auch die Bearbeitung von *I Lombardi* als *Jérusalem*. Offenbachs *Les Bavards* (1862) basiert auf R.s Übersetzung eines spanischen Zwischenspiels von Cervantes.

Scribe, Eugène (24. 12. 1791 Paris – 20. 2. 1861 ebd.), Dramatiker. S. war der erfolgreichste französische Theaterautor und produktivste Lieferant von Unterhaltungsstücken und Opernlibretti seiner Zeit und seit 1836 Mitglied der Académie Française. Begonnen hatte der Jurist S. mit Comédies-vaudevilles, doch seinen Durchbruch erlebte er mit geschickt konstruierten Unterhaltungsstücken wie *Le verre d'eau* (1840, *Das Glas Wasser*), die zwar wegen ihrer literarischen Mittelmäßigkeit bemängelt wurden, aber die europäischen Bühnen beherrschten. Er schrieb zahllose Texte für Opéra-comiques und war später auch als versierter Mitarbeiter Meyerbeers für dessen Grand opéras tätig. Seine zahlreichen Libretti, die er den Wünschen der Komponisten geschmeidig anpasste, wurden vertont von Adam, Auber (38 Opern), Audran, Boieldieu, Carafa, Clapisson, Gounod, Hérold, Massé, Offenbach, Zandonai. Die bekanntesten Vertonungen, die auf seine Libretti bzw. Vorlagen zurückgreifen, sind Auber, *La muette de Portici* (1828); Bellini, *La sonnambula* (1831), Cilèa, *Adriana Lecouvreur*; Donizetti, *L'elisir d'amore*, *La favorite*, *Les martyrs*, *Dom Sébastien*; Halévy, *La juive* (1835); Meyerbeer, *L'Africaine* (1838), *Les huguenots* (1836), *Le prophète* (1849), *Robert le diable*; Rossini, *Le comte Ory* (1829), *Edoardo e Cristina*; Verdi, *Un ballo in maschera*, *Les vêpres siciliennes* (1855).

Solera, Temistocle (25. 12. 1815 Ferrara – 21. 4. 1878 Mailand), Librettist und Komponist. Als Verfasser von Gedichten und Novellen wandte sich S. dem Theaterbetrieb zu und komponierte Opern auf eigene Libretti, von denen zwei an der Mailänder Scala aufgeführt wurden. Solera gehört, wie Casanova und da Ponte, zu den schillernden Literaten und Abenteurern des 18. und 19. Jahrhunderts, ein Zirkusreiter und versuchter Jurist. In Spanien arbeitete er als Berater der Königin Isabella und als Theaterunternehmer, in Mailand 1859 als Geheimkurier zwischen Napoleon III., Victor Emanuel II. und Graf C. Cavour, in Ägypten als Festorganisator des Khediven und in Florenz und Mailand als Antiquar. Er war Gründer und Herausgeber der Zeitschrift

L'arpa cattolica, war Polizeichef in verschiedenen italienischen Städten und Antiquitätenhändler in Paris. Verdienste erwarb sich S. durch die Texte zu Verdis frühen patriotischen Opern: *Oberto*, *Nabucco*, *I Lombardi*, *Giovanna d'Arco* und *Attila*.

Somma, Antonio (28. 8. 1809 Udine – 8. 8. 1865 Venedig), Jurist und Dramatiker. S. wandte sich 1840 dem Theater zu, leitete bis 1847 das Teatro Grande in Triest und verfasste einige Dramen. Für Verdi konzipierte er neben *Un ballo in maschera* auch ein *König Lear*-Libretto.

Vaëz, Gustave (d. i. Jean Nicolas Gustave van Nieuwenhuyzen, 6. 12. 1812 Brüssel – 12. 3. 1862 Paris), Librettist. Bildete häufig ein Autorengespann mit Royer u. a. für die frz. Fassung von Donizettis *Lucia di Lammermoor* als *Lucie de Lammermoor* (1839) und für den Text zu dessen *La Favorite* (1840; ursprünglich entstanden als *L'Ange de Nisida*, 1839). Gemeinsam mit Royer arbeitete er auf Empfehlung Scribes für Verdi Soleras Libretto von *I Lombardi alla prima crociata* in *Jérusalem* (1847) um; ihren Vorschlag für einen *Gusmano el Bueno* griff Verdi nicht auf. Den Text für Donizettis postum uraufgeführte Farce *Rita* (1869) verfasste V. allein, den zu François-Auguste Gavaerts Opéracomique *Le capitaine Henriot* mit Victorien Sardou.

Anhang

Literaturhinweise

Einzelnen Opern Verdis widmen sich u. a. die Reihen »L'avantscène. Opéra« (Paris) und »rororo opernbücher« (Reinbek) sowie Bände der »Serie Musik« bei Piper/Schott bzw. Atlantis/Schott. Die Textbücher zu den meisten Opern Verdis sind ein- bzw. zweisprachig in Reclams Universal-Bibliothek lieferbar.

Bermbach, Udo (Hrsg.): Verdi-Theater. Stuttgart/Weimar 1997.
Bourgeois, Jacques: Giuseppe Verdi. Hamburg 1980.
Budden, Julian: The Operas of Verdi. 3 Bde. London 1973–81.
– Verdi. London 1985. Dt. u. d. T.: Verdi. Leben und Werk. Stuttgart 1987. 2., rev. Aufl. 2000.
Busch, Hans (Hrsg./Übers.): Verdi – Boito. Briefwechsel. Frankfurt a. M. 1986.
Casini, Claudio: Verdi. Mit einem einleitenden Essay von Albrecht Roeseler und einer Diskographie von Attila Csampai und Dietmar Holland. Königstein i. Ts. 1985.
De Van, Gilles: Verdi's Theater. Creating Drama Through Music. Chicago 1998.
Gal, Hans: Giuseppe Verdi. Frankfurt a. M. 1982.
Kühner, Hans: Verdi. Reinbek 1961. (rowohlts monographien. 64.)
Landon, H. Ch. Robbins: Das kleine Verdi-Buch. Salzburg 1976.
Marggraf, Wolfgang: Giuseppe Verdi. Leben und Werk. Mainz 1986.
Osborne, Charles: The Complete Operas of Verdi. London 1969.
Otto, Werner (Hrsg.): Giuseppe Verdi. Briefe. Berlin 1983.
Pauls, Birgit: Verdi und das Risorgimento. Ein politischer Mythos im Prozeß der Nationenbildung. Berlin 1996.
Phillips-Matz, Mary Jane: Verdi. A Biography. Oxford 1996.
Sadie, Stanley (Hrsg.): Verdi and his Operas. Basingstoke 1999.
Verdi aus der Nähe. Ein Lebensbild in Dokumenten. Zsgest. und übers. von Franz Wallner-Basté. Zürich 1979.
Weaver, William (Hrsg.): The Verdi Companion. New York 1988.

Verzeichnis der Opern
(Originaltitel und deutsche Titel)

Aida	146
Alzira	52
Aroldo	85
Attila	55
Ballo in maschera, Un / Ein Maskenball	123
Battaglia di Legnano, La / Die Schlacht von Legnano	71
Beiden Foscari, Die / I due Foscari	46
Corsaro, Il / Der Korsar	68
Don Carlos	136
Due Foscari, I / Die beiden Foscari	46
Ernani	42
Falstaff	162
Forza del destino, La / Die Macht des Schicksals	129
Gerusalemme / Jerusalem	39
Giorno di regno, Un / König für einen Tag	25
Giovanna d'Arco / Die Jungfrau von Orleans	49
Jérusalem / Jerusalem	39
Jungfrau von Orleans, Die / Giovanna d'Arco	49
König für einen Tag / Un giorno di regno	25
Korsar, Der / Il corsaro	68
Lombardi alla prima crociata, I / Die Lombarden auf dem ersten Kreuzzug	36
Luisa Miller	75
Macbeth	60
Macht des Schicksals, Die / La forza del destino	129
Maskenball, Ein / Un ballo in maschera	123
Masnadieri, I / Die Räuber	65
Nabucco (Nabucodonosor)	30
Oberto, Conte di San Bonofacio / Oberto, Graf von San Bonifacio	21
Otello / Othello	154
Räuber, Die / I masnadieri	65
Rigoletto	87
Schlacht von Legnano, Die / La battaglia di Legnano	71
Simon Boccanegra	116
Sizilianische Vesper, Die / Les vêpres siciliennes / I vespri siciliani	110
Stiffelio	81
Traviata, La	101
Trovatore, Il / Der Troubadour	95
Vêpres siciliennes, Les / Die sizilianische Vesper	110

Verzeichnis der Arien und Ensembles

Titel / Übersetzung	Wer und Wo
Addio del passato / Lebt wohl, glückliche Träume	Violettas Abschied vom Leben (Arie) zu Beginn des 3. Aktes von *La Traviata*
Addio, mia patria amata / Lebwohl, geliebtes Vaterland	Quartett Elena/Arrigo/Procida/Montforte im 4. Akt von *I vespri siciliani*
Ah! Dite alle giovine / Sagt der Jungfrau	Duett Violetta/Germont aus dem 2. Akt von *La Traviata*
Ah! Gran Dio! Morrir sì giovine / Oh, mein Gott! Sterben so jung	Sterbeszene der Violetta am Schluss von *La Traviata*
Ah, per sempre / Dein bin ich	Arie des Alvaro aus dem 1. Akt von *La forza del destino*
Ah! sì, ben mio / Dass nur für dich	Arie des Manrico aus dem 3. Teil von *Il trovatore*
Ai nostri monti / In unsere Heimat kehren wir wieder	Im Kerker erinnern sich Azucena/Manrico in einem Duett an ihre Heimat, im 4. Teil von *Il trovatore*
Alla vita che t'arride / Für dein Glück und für dein Leben	Arie des Renato im 1. Akt von *Un ballo in maschera*, in der er seinen Freund, den Gouverneur, vor seinen Gegnern warnen will
All'erta! All'erta! / Achtung! Aufgepasst!	Erzählung des Ferrando zu Beginn von *Il trovatore*, in der er die einschlafenden Wachen mit der Schilderung der komplizierten Familiengeschichte wachhalten möchte
Allor che i forti corrono / Während deine Krieger eilen	Cavatina der Odabella im Prolog zu *Attila*

Verzeichnis der Arien und Ensembles

Al suon del tamburo / Beim Schalle der Trommeln	Kanzone der Preziosilla aus dem 2. Akt von *La forza del destino*
Al tuo cor generoso / Deinem großzügigen Herzen	Terzett Procida/Elena/Arrigo im 5. Akt von *I vespri siciliani*
Amici in vita, in morte / Zwei Freunde auf Leben und Tod	Duett Alvaro/Carlos im 3. Akt von *La forza del destino*
Anch'io dischiuso un giorno / Oft träumt ich in süßem Schlummer	Arie der Abigaille zu Beginn des 2. Teils von *Nabucco*
Anch'io pugnai / Ich hab gekämpft	Arie des in Gefangenschaft geratenen Amonasro aus dem 2. Akt von *Aida*, in der er die Ägypter um Mitleid anfleht
Avrai tu l'universo, resti l'Italia a me / Du magst das Universum haben, doch überlasse mir Italien	Duett Attila/Ezio aus dem Prolog zu *Attila*
Caro nome / Teurer Name	Arie der Gilda aus dem 1. Akt von *Rigoletto*
Celeste Aida / Holde Aida	Romanze des Radames zu Beginn von *Aida*
Che non avrebbe il misero / Was wäre dieser unglückliche Mann	Romanze des Foresto aus dem 3. Akt von *Attila*
Colle cenere disperso / Mit dieser Asche sollen	Septett aus dem 1. Akt von *Stiffelio*
Col sangue / Dein Blut allein	Duett Alvaro/Carlos im 4. Akt von *La forza del destino*
Come dal ciel precipita l'ombra / Sieh, wie vom Himmel schwer herab finstre Wolken	Arie des Banquo aus dem 2. Akt von *Macbeth*
Come in quest'ora bruna / Dämmernd in bleicher Helle	Arie der Amelia im 1. Akt von *Simon Boccanegra*
Condotta ell'era / In Fesseln geführt	Arie der Azucena aus dem 2. Teil von *Il trovatore*

Coraggio, su, coraggio / Zuversicht, komm, Zuversicht — Cabaletta der Elena zu ihrer Arie im 1. Akt von *I vespri siciliani*

Cortigiani, vil razza dannata / Hofschranzen, feiges Geschlecht (Feile Sklaven) — Arie des Rigoletto aus dem 2. Akt der gleichnamigen Oper

Credo in un Dio / Ich glaube an einen Gott — Sog. Credo des Jago im 2. Akt von *Otello*, ein zynisch-nihilistisches Bekenntnis zu allem Bösen

Da Gusman, su fragil barca / Auf einem zerbrechlichen Boot floh ich vor Gusman — Arie der Alzira aus dem 1. Akt der gleichnamigen Oper

Dagli immortali vertici / Ah, vor den großartigen Gipfeln — Arie des Ezio zu Beginn des 2. Aktes von *Attila*

Dal labbro il canto / Dem Mund entflieht ein Lied — Liebeslied des Fenton, das er im 3. Akt von *Falstaff* Nannetta darbringt

D'amor sull ali rosee / Auf der Liebe rosigen Schwingen — Arie der Leonora aus dem 3. Teil von *Il trovatore*

Deserto sulla terra / Einsam auf Erden — Ständchen des Trovatore Manrico aus dem 1. Teil von *Il trovatore*

Di Provenza il mar, il suol / Hat denn dein heimatliches Land — Arie des Germont im 2. Akt von *La Traviata*, mit der er Alfredo zur Rückkehr in die Heimat auffordert

Di sprezzo degno se stesso rende / Verachtung trifft den, der sich vergisst — Arie des Germont, mit der er im 2. Bild des 2. Aktes von *La Traviata* seinen Sohn, der Violetta öffentlich bloßstellte, zur Räson ruft

Di tenere donzelle / Dies ist nicht zarter Jungfrauen Spiel — Quartett im 2. Akt von *Oberto, Conte di San Bonifacio*

Di' tu se fedele / O sag, wenn ich fahre — Canzone des Riccardo aus dem 1. Akt von *Un ballo in maschera*

Dio, che nell'alma infondere / Gott, der die Seelen entflammte

Dio mi potevi scagliar / Gott! Wären auf mich gehäuft alle Qualen

Di quella pira / Lodern zum Himmel seh ich die Flammen

Ecco l'orrido campo / Hier ist der grauenvolle Ort

Eccomi prigioniero! / Da bin ich nun gefangen!

Ed io, che tremava al suo aspetto / Und ich soll in Demut mich beugen vor dieser Frau

È gettata la mia sorte / Mein Schicksal ist bestimmt

Egli non riede ancora ... Non so el tetre immagini / Noch kehrt er nicht zurück ... Ich kann meine Gedanken

Egli ora parte! ... Oh, morto fossi allora / Jetzt geht er ... Ach, ich wäre lieber tot

Ei fugge! E con tal foglio / Er ist geflohen! Und mit diesem Schreiben

Ella giammai m'amo / Sie hat mich nie geliebt

Ella mi fu rapita ... Parmi veder le lagrime / Sie wurde mir entrissen ... Ich seh die heißen Tränen

Duett Posa / Don Carlo, sog. »Freundschaftsduett«, aus dem 2. Akt von *Don Carlo* (in der vieraktigen Fassung im 1. Akt).

Szene des Otello aus dem 2. Akt der gleichnamigen Oper, in der seine tiefste Verzweiflung zum Ausdruck kommt

Die berühmte Stretta des Manrico am Schluss des 3. Teils von *Il trovatore*

Arie der Amelia zu Beginn des 2. Aktes von *Un ballo in maschera*

Kerkerszene des Corrado in *Il Corsaro*

Terzett Eboli/Carlo/Posa aus dem 3. Akt von *Don Carlo*

Arie des Ezio aus dem 2. Akt von *Attila*

Rezitativ und Romanze der Medora aus dem 1. Akt von *Il Corsaro*

Szene und Arie des Francesco Fiesco im 3. Akt von *I due Foscari*

Arie und Cabaletta des Stankar aus dem 3. Akt von *Stiffelio*

Arie des Philipp im 4. Akt von *Don Carlo*

Rezitativ und Arie des Herzogs aus dem 2. Akt von *Rigoletto*

Era la notte, Cassio dormia / Es war zur Nachtzeit	Traumerzählung des Jago aus dem 2. Akt von *Otello*, mit der er seine Intrige einleitet
Eri tu / Ja, du warst's	Arie des Renato im 3. Akt von *Un ballo in maschera*
Ernani! Ernani involami ... Tutto sprezzo / Ernani, Ernani entführe mich ... Ich verachte alles	Cavatina und Cabaletta der Elvira aus dem 1. Akt von *Ernani*
E scherzo od è follia / Ist es Scherz oder Wahnsinn	Arie des Riccardo aus dem 1. Akt von *Un ballo in maschera*
È strano! È strano ... Ah, fors'è lui ... Follie! Delirio vano è questo! ... Sempre libera degg'io / Es ist seltsam! Sehr seltsam! ... Er ist es ... Torheiten! Welch ein eitler Wahnsinn! ... Immer frei muss ich	Szene und Arie der Violetta im 1. Akt von *La Traviata*
Esultate! / Freut euch alle!	Triumphgesang des Otello zu Beginn der gleichnamigen Oper, in dem er den Sieg über die Türken verkündet
E sogno! O realtà / So träum ich, oder ist's wahr?	Ford muss sich von seiner Gattin Alice betrogen glauben und schäumt vor Eifersucht, während sich sein vermeintlicher Rivale Falstaff in der gleichnamigen Oper für das Stelldichein mit Alice umzieht (2. Akt)
E ver? Sei d'altri / Ist es wahr? Du gehörst einem andern	Duett Lida/Arrigo aus dem 1. Akt von *La battaglia di Legnano*
Ferma, crudele, estinguere / Halt ein, Grausamer	Schlussterzett Elvira/Silva/Ernani aus *Ernani*

Figlia! A tal nome il palpito / Tochter! Bei dieses Wortes Klang	Duett Amelia/Boccanegra, bei dem sie sich als Vater und Tochter erkennen, aus dem 1. Akt von *Simon Boccanegra*
Figlia! Mio padre / Tochter! Mein Vater!	Duett Gilda/Rigoletto aus dem 1. Akt von *Rigoletto*
Fontainebleau! Foresta immensa [in der 4-aktigen Fass.: Io l'ho perduta] ... Io la vidi e al suo sorriso / Fontainebleau! Dies ist der Wald [in der 4-aktigen Fass.: Ich habe sie verloren] ... Ich erblickte sie, und bei ihrem Lächeln	Szene und Romanze des Carlo im 1. Akt von *Don Carlo*
Forse la soglia attinse ... Ma se m'è forza perderti / Doch heißt dich auch das Pflichtgefühl ... Aber wenn's mir auch bestimmt ist	Szene und Romanze des Riccardo im 3. Akt von *Un ballo in maschera*, in der er seiner Liebe zu Amelia entsagt
Fu la sorte dell'armi / Wohl war das Los der Waffen	Duett Amneris/Aida, in dem sich im 2. Akt von *Aida* Amneris als Aidas Rivalin um die Gunst des Radames zu erkennen gibt
Già i Sacerdoti adunansi / Schon sind die Priester all vereint	In diesem Duett im 4. Akt von *Aida* versucht Amneris noch ein letztes Mal Radames für sich zu gewinnen
Già nella notte densa / Wie in dem dichten Dunkel	Duett Desdemona/Otello am Schluss des 1. Aktes von *Otello*, in dem sie sich an die Anfänge ihrer Liebe erinnern
Giorni di pianto / Tag der Tränen	Arie des Arrigo aus dem 4. Akt von *I vespri siciliani*

Gualtièr Maldè ... Caro nome che il mio cor / Gualtier Maldè ... Teurer Name, der mein Herz	Szene und Arie der Gilda im 1. Akt von *Rigoletto*, in der sie sich ihrer Liebe zu dem vermeintlichen Studenten klar wird
I due figli ... Abbietta zingara / Glücklich lebt' einst ein Vater von zwei Söhnen ... Eine Zigeunerin	Erzählung des Ferrando zu Beginn von *Il trovatore*
Il balen del suo sorriso / Ihres Auges heimlich Strahlen	Arie des Luna aus dem 2. Teil von *Il trovatore*
In braccio alle dovizie / Dem Reichtum überlassen	Arie des Montforte aus dem 3. Akt von *I vespri siciliani*
Il lacerato spirito / Müde, den Geist von Gram verzehrt	Arie des Fiesco im Prolog von *Simon Boccanegra*
Infelice! E tu credevi / Unglücklicher! Und du glaubst	Arie des Silva vor dem Finale des 1. Aktes von *Ernani*
Irne lungi ancor dovrei / Muss ich wieder weg von hier	Szene des Zamoro aus dem 2. Akt von *Alzira*
L'aborita rivale a me sfuggia / Entflohn ist die Rivalin	Szene der Amneris zu Beginn des 4. Aktes von *Aida*, in der sie ihre Verzweiflung angesichts Aidas Flucht und des Hochverrats von Radames hinausschleudert
La donna è mobile / Oh, wie so trügerisch sind Weiberherzen	Die frivole Kanzone des Herzogs aus dem 3. Akt von *Rigoletto*, in dem er sich über Wankelmütigkeit der Frauen auslässt; wahrscheinlich die berühmteste Tenorarie
La fatal pietra sovra me si chiuse / Es hat der Stein sich über mir geschlossen	Der wegen Hochverrats lebendig eingemauerte Radames erwartet seinen Tod im 4. Akt von *Aida*
La luce langue / Nun sinkt der Abend	Arie der Lady Macbeth aus dem 2. Akt von *Macbeth*

La mia letizia infondere … Sein miei sensi … Come poteva un angelo / Könnte ich doch meine Freude … Ich fühle wie du … Wie konnte der Himmel	Cavatina, Szene und Cabaletta des Oronte im 2. Akt von *I Lombardi alla prima crociata*
L'altro retaggio non ho bramato / Ich habe die große Erbschaft meines Vaters	Duett Graf/Wurm aus dem 2. Akt von *Luisa Miller*
Largo al quadropede / Dem gewaltigen Stier	Karnevalsgesang der feiernden Menge auf der Straße vor Violettas Haus im 3. Akt von *La Traviata*
La Vergine degli Angeli / Die Himmelsjungfrau gnadenvoll	Szene aus dem 2. Akt von *La forza del destino*
La vita è inferno al infelice … Oh, tu che in seno agli angeli / Das Leben ist dem Unglücklichen eine Hölle … Du stiegst empor zur Seligkeit	Arie und Romanze des Alvaro zu Beginn des 3. Aktes von *La forza del destino*
Le rivedrai nell'estasi / Ha, welch hohe Wonne	Arie des Riccardo im 1. Akt von *Un ballo in maschera*
Liberamente or piangi … Oh! Nel fuggente nuvolo / Weine jetzt frei … Oh, Vater! Ist dein Bild	Szene und Arie der Odabella aus dem 1. Akt von *Attila*
Libiamo ne'lieti calici / Lasst uns aus dem Kelch der Freude trinken	Brindisi des Alfredo aus dem 1. Akt von *La Traviata*
L'onore! Ladri! / Die Ehre! Diebe!	Standpauke über falsche Moral, die Falstaff im 1. Akt der gleichnamigen Oper seinen Dienern hält
Lo sguardo avea degli angeli / Sein Gesicht hatte das Lächeln der Engel	Cavatina der Amelia aus dem 1. Akt von *I masnadieri*

Lunge da lei per me non v'ha diletto ... De' miei bollenti spiriti / Entfernt von ihr gibt's kein Glück für mich! ... Dies jugendliche Feuer	Arie des Alfredo zu Beginn des 2. Aktes von *La Traviata*
Madre, pietosa Vergine / Mutter der reinen Gnade	Arie der Leonora im 2. Akt von *La forza del destino*
Mal per me / Also büß ich	Ursprüngliche Todesszene des Titelhelden in *Macbeth*, die in der späteren Fassung durch die sog. Schlachtenfuge ersetzt wurde
Mercè, diletti amici ... Come rugiada al cespite / Habt Dank, liebe Freunde ... So wie der Tau	Rezitativ und Cavatina des *Ernani* im 1. Akt der gleichnamigen Oper
Mercè, dilette amiche / Dank euch, geliebte Freundinnen	Siciliana (Bolero) der Elena im 5. Akt von *I vespri siciliani*
M'hai chiamato / Habt ihr mich gerufen	Duett Francesco/Moser aus dem 4. Akt von *I masnadieri*
Mia madre aveva una povera ancella ... Ave Maria, piena di grazia / Meine Mutter hatte eine arme Magd. ... Ave Maria, du bist voller Gnaden	Desdemonas sog. »Lied von der Weide« und das Ave Maria im 4. Akt von *Otello*, in denen ihre düsteren Ahnungen sowie ihre Unschuld deutlich werden
Miserandi avanzi ... Irne lungi ancor dovrei / Ihr armseligen Überreste ... Muss ich wieder weg von hier	Szene und Arie des Zamoro aus dem 2. Akt von *Alzira*
Mondo ladro / Welt voll Undank	Falstaff, Held der gleichnamigen Oper, wurde von den ›lustigen Weibern von Windsor‹ samt der schmutzigen Wäsche in die Themse gekippt und sinniert nun über die Schlechtigkeit der Welt

Morir per te d'amore / Zu sterben! So rein und schön	Aida, Heldin der gleichnamigen Oper, ist dem wegen Hochverrats lebendig eingemauerten Geliebten in die Gruft gefolgt. Sie werden gemeinsam sterben und versichern sich in diesem Schlussduett nochmals ihrer Liebe
Morrò, ma prima in grazia / Der Tod sei mir willkommen	Arie der Amelia im 3. Akt von *Un ballo in maschera*, wo sie vor dem ihr angedrohten Tod bittet, nochmals ihren Sohn sehen zu dürfen
Nei giardin' del bello / In dem Park der Feen	Arie, sog. Schleierlied, der Eboli aus dem 2. Akt von *Don Carlo*
Nel di della vittoria ... Vieni! T'affretta / Am Tag des Sieges ... Komm! Beeile dich	Rezitative und Kavatine der Lady Macbeth im 1. Akt von *Macbeth*
Niun mi tema / Keiner fürchte den bewaffneten Feldherrn	Otellos letzte Szene in der gleichnamigen Oper: Der Feldherr ist nach der Ermordung der unschuldigen Desdemona völlig zerstört und ersticht sich
No! No! Giusta causa / Nein, nein! Es ist nicht Gottes gerechter Wille	Cabaletta der Giselda in *I Lombardi alla prima crociata*
Non pianger, mia compagna / Meine Freundin, weine nicht	Arie der Elisabetta aus dem zweiten Akt von *Don Carlo*
Non sai tu che sulla testa / Weißt du nicht, dass der Sturm	Duett Gulnara/Corrado aus dem 3. Akt von *Il Corsaro*
O don fatal / Verfluchte Gabe	Arie der Eboli aus dem 4. Akt von *Don Carlo*
O fadadia foresta / O prophetischer Wald	Romanze der Giovanna aus dem 1. Akt von *Giovanna d'Arco*

Verzeichnis der Arien und Ensembles

O fedeli! A me diletto / Oh, ihr Getreuen, das teure Gelöbnis	Cavatina der Cuniza in *Oberto, Conte di San Bonifacio*
O figli, o figli miei / O meine Söhne	Arie des Macduff aus dem 4. Akt von *Macbeth*
O Signor, dal tetto natio / O Herr, du hast uns gerufen	Chor der Kreuzritter im letzten Akt von *I Lombardi alla prima crociata*
O tu Palermo / O mein Palermo	Arie des Procida aus dem 2. Akt von *I vespri siciliani*
O vecchia cor / Ach altes Herz	Romanze des Dogen Fiesco im 1. Akt von *I due Foscari*
Oh, de' verd'anni miei / Oh, ihr Träume	Arie des Don Carlo im 3. Akt von *Ernani*
Oh, di qual'onta aggravasi / Nabucco ist nun entehrt	Duett Nabucco/Abigaille im 3. Teil von *Nabucco*
Oh mio rimorso! Oh infamia / O Schmach und Schande!	Cabaletta des Alfredo im 2. Akt von *La Traviata*
Ora di morte e di vendetta / Stunde des Todes und der Rache	Duett Macbeth / Lady Macbeth am Ende des 3. Aktes von *Macbeth*
Or dal padre benedetta / Gesegnet von meinem Vater	Duett Giovanna/Giacomo aus dem 3. Akt von *Giovanna d'Arco*
Pace, pace mio Dio / Frieden! Frieden!	Arie der Leonora im 4. Akt von *La forza del destino*, in der sie um inneren Frieden fleht
Parigi, o cara / Paris, o Geliebte	Duett Violetta/Alfredo im 3. Akt von *La Traviata*
Pari siamo / Gleich sind wir beide	Arie des Rigoletto aus dem 1. Akt der gleichnamigen Oper
Per me giunto è il dì supremo / Für mich ist schon der letzte Tag gekommen	Sterbeszene (Arie) des von der Inquisition gerichteten Posa aus dem 4. Akt von *Don Carlo*
Pietà, rispetto, amore / Verehrung, Respekt, Liebe	Arie des Macbeth aus dem 4. Akt der gleichnamigen Oper

Plebs! Patrizi! Popolo! / Plebejer, Patrizier, Narrenvolk	Rede des Dogen Simon Boccanegra, mit der er im 1. Akt der gleichnamigen Oper den Streit zwischen Patriziern und Volk schlichten will
Possente amor / Zu ihr ruft mich die Liebe	Stretta des Herzogs aus dem 2. Akt von *Rigoletto*
Proverò che degno io sono / Ich werde zeigen, dass ich der Gnade	Arie des Edoardo in *Un giorno di regno*
Pura siccome un angelo / Gott schenkte eine Tochter mir	Arie des Germont im 2. Akt von *La Traviata*
Quand'ero paggio / Einstens als Page	Falstaff prahlt im 2. Akt der gleichnamigen Oper vor Alice Ford mit seinen Abenteuern als Page
Quando al mio sen / Als ehrliches Mitleid	Duett Arrigo/Montforte aus dem 3. Akt von *I vespri siciliani*
Quando le sere al placido / Als sie am Abend mit mir	Romanze des Rodolfo aus dem 2. Akt von *Luisa Miller*
Questa o quella / Freundlich blick ich auf diese und jene	Ballade (Ballata) des Herzogs aus dem 1. Akt von *Rigoletto*
Qui posa il fianco / Ruhe dich hier aus	Terzett (»Tauftterzett«) im 3. Akt von *I Lombardi alla prima crociata*
Qui Radames verrà / Bald kommt Radames	Sog. »Nil-Arie« der Aida aus dem 3. Akt der gleichnamigen Oper
Re dell'abisso / König des Abgrunds, zeige dich	Beschwörung der Wahrsagerin Ulrica im 1. Akt von *Un ballo in maschera*
Reverenza / Reverenza	Schmeichlerische Begrüßungsformel, mit der Mrs. Quickly den eitlen Falstaff im 2. Akt der gleichnamigen Oper zu einem Rendezvous mit Alice Ford lädt

Ritorna vincitor / Als Sieger kehre heim	Arie der Aida aus dem 1. Akt der gleichnamigen Oper, in der sie ihre Gefühle zwischen ihrer Liebe zu dem feindlichen Feldherrn Radames und der Treue zu ihrer Heimat schildert
Rivedrai le foreste imbalsamate / Wiedersehen wirst du die duftigen Wälder	Duett Aida/Amonasro, in dem der äthiopische König seine Tochter, Heldin der gleichnamigen Oper, zwingt, ihren Geliebten zum Landesverrat zu verführen
Santo è il loco / Heilig ist der Ort	Quartett Stiffelio/Lina/Stankar/Raffaele aus dem 2. Akt von *Stiffelio*
Saper vorreste / Lasst ab mit Fragen	Arie des Oscar im 3. Akt von *Un ballo in maschera*, in der er unfreiwillig die Verkleidung des Gouverneurs verrät und dadurch Renato die Möglichkeit gibt, ihn zu ermorden
Se quel guerrier io fossi! … Celeste Aida / O wäre ich erkoren … Holde Aida	Rezitativ und Romanze des Radames aus dem 1. Akt von *Aida*
Sequirti fino agli ultimi / Mit dir geh ich	Duett Leonora/Alvaro im 1. Akt von *La forza del destino*
Sempre all'alba / Immer am Abend	Kavatine der Giovanna im Prolog von *Giovanna d'Arco*
Sempre libera degg'io / Immer frei muss ich sein	Cabaletta der Violetta, in der sie sich am Schluss des 1. Aktes von *La Traviata* ihrer Liebe zu Alfredo bewusst wird
Si colmi il calice / Den vollen Becher	Brindisi der Lady Macbeth aus dem 2. Akt von *Macbeth*

Si, pel ciel marmoreo giuro! / Ja, beim Himmel will ich schwören	Duett Jago/Otello am Ende des 2. Aktes von *Otello*, in dem der vor Eifersucht rasende Feldherr seiner angeblich treulosen Gattin Desdemona Rache schwört
Si, quell'io son / Ja, schau, wer ich bin	Duett Odabella/Foresto aus dem 1. Akt von *Attila*
Si, vendetta / Ja, bald schlägt sie	Duett Gilda/Rigoletto am Schluss des 2. Aktes von *Rigoletto*
Solenne in quest'ora / Die Stunde ist heilig	Duett Alvaro/Carlos (»Schwurduett«) aus dem 2. Akt von *La forza del destino*
Son io stesso! A te davanti / Ich bin es! Vor dir steht	Terzett im 1. Akt von *Oberto, Conte di San Bonifacio*
Son Pereda, son ricco d'onore / Ein Student bin ich	Ballade des Don Carlos aus dem 2. Akt von *La forza del destino*
Stride la vampa! / Lodernde Flammen	Canzone der Azucena aus dem 2. Teil von *Il trovatore*
Sul fil d'un soffio esesio / Auf sanften Zephyrs Wellen	In Gestalt der Feenkönigin regiert Nannetta über die Geister, die Falstaff, Held der gleichnamigen Oper, unter Hernes Eiche eine Lehre erteilen wollen
Tacea la notte placida ... Di tal amore / In der Stille der Nacht ... Von dieser Liebe	Cavatina der Leonora im 1. Teil von *Il trovatore*
T'amo, t'amo / Der Gott der Liebe	Duett Gilda/Herzog aus dem 1. Akt von *Rigoletto*
T'amo, si t'amo / Lieben, ja lieben	Duett Amelia/Riccardo am Schluss von *Un ballo in maschera*, kurz vor der Ermordung des Gouverneurs
Teco io sto / Ich bin dir nah	Duett Amelia/Riccardo im 2. Akt von *Un ballo in maschera*

Te sol, te sol quest'anima / Meine Seele liebt dich, dich allein
Tesoriere garbatissimo / Hochverehrter Schatzmeister

Toh! Toh! Poffare il mondo / Ho! Ho! Hier geht's ja hoch her

Tradimento! ... Risorgono i defunti! / Verraten! ... Die Toten stehen auf
Trionfai! Securi alfine / Triumphiere! Endlich sind wir sicher

Tu che le vanità / Du erfuhrst, wie vergänglich
Tu del mio Carlo / Glückliche Seele, du bist
Tutte le feste / Wenn ich an Festtagen
Tutto nel mondo e burla / Alles ist Spaß auf Erden

Una macchia è qui tuttora / Dieser Flecken kommt immer wieder
Un di felice, eterea / An einem glücklichen Tag

Un di, si ben rammentomi ... Bella figlia del amore / Einst, wenn ich mich recht erinnere ... Holdes Mädchen, sieh mein Leiden

Terzett Odabella/Ezio/Foresto aus dem 3. Akt von *Attila*
Duett der beiden Bässe Baron und Schatzmeister in *Un giorno di regno*
Sog. »Kapuzinerpredigt« des Fra Melitone gegen das sündige Tun der Soldaten im Feldlager im 3. Akt von *La forza del destino*
Traum des Francesco aus dem 4. Akt von *I masnadieri*

Arie der Lady Macbeth in der ursprünglichen Fassung von *Macbeth*, die durch »La luce langue« ersetzt wurde
Arie der Elisabeth im 5. Akt von *Don Carlo*
Arie der Amelia aus dem 2. Akt von *I masnadieri*
Arie der Gilda aus dem 2. Akt von *Rigoletto*
Mit dieser Weisheit führt Falstaff die Fuge am Ende der gleichnamigen Oper an, die zugleich die Moral von Verdis letzter Oper verkündet
»Wahnsinns-Arie« der Lady Macbeth aus dem 4. Akt von *Macbeth*
Arie der Alfredo, mit der er Violetta im 1. Akt von *La Traviata* seine Liebe gesteht
Quartett Gilda/Maddalena/Herzog/Rigoletto aus dem 3. Akt von *Rigoletto*

Urna fatal del mio destino / Was ihr auch berget	Arie des Don Carlo aus dem 3. Akt von *La forza del destino*
Vada in fiamma / Geh in Flammen auf	Arie des Macbeth am Ende des 3. Aktes der gleichnamigen Oper
Va, pensiero, sull'ali dorate / Flieg, Gedanke, auf goldenen Flügeln	Chor der gefangenen Hebräer im 3. Teil von *Nabucco*
Va, vecchio John / Geh, alter John	Falstaff fühlt sich in der gleichnamigen Oper (2. Akt) immer noch seiner erotischen Ausstrahlung sicher und freut sich auf sein Stelldichein mit Alice Ford
Vieni, o diletta, appresati / Komm, o Geliebte	Terzett Aida/Amneris/Radames im 1. Akt von *Aida*, in dem die erotischen Spannungen zwischen den drei Menschen spürbar werden
Voi tacete / Ihr seid schweigsam	Schlussterzett Medora/Gulnara/Corrado aus *Il Corsaro*
Volta la terra / Mit starrem Angesicht	Arie des Oscar aus dem 1. Akt von *Un ballo in maschera*

Verzeichnis der Rollen

Abdallo (Tenor), alter Offizier des Königs von Babylon in *Nabucco*.

Abigaille (Sopran), Sklavin, vermeintliche erstgeborene Tochter Nabuccos in *Nabucco*.

Acciano (Bass), Tyrann von Antiochia, Gatte Sofias und Vater des Oronte in *I Lombardi alla prima crociata*.

Ademar de Montheil (Bass), päpstlicher Gesandter in *Jérusalem*.

Adorno → Gabriele Adorno.

Aida (Sopran), äthiopische Königstochter, Sklavin am Hof des ägyptischen Königs, Titelfigur der gleichnamigen Oper. Aus Liebe zum Feldherrn Radames lässt sie sich mit diesem lebendig einmauern.

Albani, Paolo (Bariton), Genueser Goldschmied, der sich für die Wahl des Korsaren Boccanegra zum Dogen einsetzt und sich dadurch persönliche Vorteile erhofft. Der Doge Boccanegra wählt ihn zu seinem bevorzugten Höfling.

Alfredo Germont (Tenor), ein in die Kurtisane Violetta Valéry, Titelgestalt von *La Traviata*, verliebter junger Mann aus der Provence, wohin ihn sein Vater zurückholen will.

Alice Ford (Sopran), Fords Gattin, eine der beiden »lustigen Weiber von Windsor«, denen Falstaff in der gleichnamigen Oper identische Liebesbriefe geschrieben hat. Sie lädt den Ritter zu einem Rendezvous ein und erteilt ihm gemeinsam mit ihren Freundinnen eine Lektion.

Alvaro (Bass), spanischer Gouverneur von Peru in *Alzira*. → Don Alvaro.

Alzira (Sopran), Tochter des peruanischen Häuptlings Ataliba, Titelfigur von Verdis achter Oper.

Amalia (Sopran), eine Waise, Nichte des Grafen von Moor und Geliebte des Räuberhauptmanns Carlo in *I masnadieri*.

Amelia (Sopran), Gattin von Renato, die sich in dessen Freund Riccardo, den Gouverneur von Boston, verliebt hat. Beide entsagen zwar dieser Liebe, doch der sich betrogen fühlende Renato bringt seinen Freund um.

Amneris (Mezzosopran), Tochter des ägyptischen Königs, die im Kampf um die Liebe des Radames ihrer vermeintlichen Sklavin Aida, einer unerkannt bleibenden Königstochter, unterliegt.

Verzeichnis der Rollen

Amonasro (Bariton), äthiopischer König, der in ägyptische Gefangenschaft gerät, ohne seine Identität zu verraten. Die Liebe seiner Tochter Aida zu Radames missbraucht er dazu, den gegnerischen Feldherrn auszuhorchen.

Anna (Sopran), Schwester des Zaccaria in *Nabucco*.

Annina (Sopran), Violettas Zofe, die ihrer Herrin bis zu deren Tod die Treue hält in *La Traviata*.

Arminio (Tenor), Kammerherr des Grafen von Moor in *I masnadieri*.

Aroldo (Tenor), sächsischer Ritter und Held der gleichnamigen Oper.

Arrigo. 1. (Tenor) Veroneser Krieger, der nicht ahnt, dass seine Geliebte Lida inzwischen mit seinem Jugendfreund Rolando verheiratet ist, in *La battaglia di Legnano*. – 2. (Tenor) Ein junger sizilianischer Rebell und Geliebter der Herzogin Elena in *I vespri siciliani*, der nicht ahnt, dass der französische Statthalter in Sizilien, Guy de Montfort, sein Vater ist.

Arvino (Tenor), Sohn des Folco, Herrn von Rò, in *I Lombardi alla prima crociata*.

Ataliba (Bass), Peruanischer Häuptling in *Alzira*.

Attila (Bass), Hunnenkönig und die Titelfigur der gleichnamigen Oper.

Azucena (Mezzosopran), eine alte Zigeunerin, die die Ermordung ihrer Mutter auf furchtbare Weise rächt, in *Il trovatore*.

Banquo (Bass), Feldherr in der Armee König Duncans, Vater von Fleance, wird von seinem Freund Macbeth in der gleichnamigen Oper ermordet.

Barbarigo (Tenor), Senator, Mitglied der Junta und Gegner der Foscari in *I due Foscari*.

Barbarossa → Federico Barbarossa.

Bardolfo (Tenor), einer der beiden Diener Falstaffs; wird während des von den Frauen inszenierten Narrentreibens unter Hernes Eiche mit Dr. Cajus vermählt.

Baron Douphol (Bariton), Violettas Gönner zu Beginn von *La Traviata*. Um Alfredo die Trennung von ihr zu erleichtern, gibt sie vor, zum Baron zurückzukehren.

Baron von Kelbar (Bass), lädt in *Un giorno di regno* zu zwei Hochzeiten.

Béthune → Sire de Béthune.

Borsa → Matteo Borsa.

Briano (Bass), ein frommer Eremit in *Aroldo*.
Bürgermeister von Como (Bass), wird in *La battaglia di Legnano* aufgefordert, sich der lombardischen Liga anzuschließen.
Carlo (Tenor), ältester Sohn des Grafen von Moor, Anführer der Räuberbande in *I masnadieri*.
Carlo VII. (Tenor), König von Frankreich in *Giovanna d'Arco*.
Cassio (Tenor), Hauptmann in *Otello*, der zur zentralen Figur in der aus verletztem Ehrgeiz eingefädelten Intrige Jagos wird, der ihm eine Liebesbeziehung mit Otellos Frau Desdemona andichtet.
Cavaliere von Belfiore (Bariton), unter dem Namen Stanislao bzw. Stanislaus, König von Polen, in *Un giorno di regno*.
Comte de Vaudemont (Bass), französischer Offizier in *I vespri siciliani*.
Contarini, Lucrezia (Sopran), Gattin des Jacopo Fiesco in *I due Foscari*.
Corrado (Tenor), Hauptmann der Korsaren und Titelheld von *Il Corsaro*.
Cuniza (Mezzosopran), Fürstin von Bassano und Schwester des Ezzelino da Romano, Braut des Grafen Riccardo von Salinguerra in *Oberto, Conte di San Bonifacio*.
Curra (Mezzosopran), Leonoras Zofe in *La forza del destino*.
Delil (Tenor), Offizier in *Giovanna d'Arco*.
Delmonte (Tenor), Knappe des falschen Stanislaus in *Un giorno di regno*.
Desdemona (Sopran), unschuldige Gattin des Titelhelden in *Otello*, die als Opfer seiner grundlosen Eifersucht von ihm umgebracht wird.
Dr. Cajus (Tenor), Wunschschwiegersohn Fords für seine Tochter Nannetta in *Falstaff*.
Doktor Grenvil (Bass), Violettas Arzt, der die Schwindsüchtige bis zu ihrem Tod als Arzt und Freund begleitet, in *La Traviata*.
Don Alvaro (Tenor), Inka-Abkömmling, der Donna Leonora, Tochter des Marchese von Calatrava, liebt. Bei den gemeinsamen Fluchtvorbereitungen tötet Alvaro unbeabsichtigt den Marchese und beschwört dadurch eine tragische Verkettung unglücklicher Geschehen herauf, die nur durch *La forza del destino*, die Macht des Schicksals, erklärt werden können.
Don Carlo(s). 1. (Tenor) Titelheld der gleichnamigen Oper, soll Elisabeth von Valois heiraten, die dann jedoch aus politischen Grün-

den mit seinem Vater verheiratet und dadurch seine Stiefmutter wird. – 2. (Bariton) In *Ernani* der König von Spanien. – 3. (Bariton) In *La forza del destino* Don Carlos di Vargas, Sohn des Marchese von Calatrava und Bruder Leonoras; er verfolgt unter dem Namen Pereda seine Schwester und ihren Geliebten Alvaro durch Spanien und Italien, um den Tod des Vaters zu rächen, der bei Leonoras Fluchtvorbereitungen versehentlich getötet wurde.

Don Riccardo (Tenor), Waffenträger des spanischen Königs in *Ernani*.

Don Ruy → Silva.

Dorotea (Mezzosopran), Linas Cousine in *Stiffelio*.

Duca di Mantova → Herzog von Mantua.

Duncan (stumme Rolle), schottischer König, dessen Ermordung durch Macbeth im Zentrum der gleichnamigen Oper steht.

Eboli (Mezzosopran), spanische Prinzessin, die ein Verhältnis mit Philipp II. hat, zugleich dem Infanten Don Carlos zugetan ist und als enttäuschter Liebe dessen Beziehung zu seiner Stiefmutter dem König verrät.

Edoardo von Sanval (Tenor), ein junger Offizier in *Un giorno di regno*.

Egberto (Bariton), Minas Vater, ein alter Ritter und Lehnsmann von Kent in *Aroldo*.

Elena. 1. (Mezzosopran) Minas Cousine in *Aroldo*. – 2. (Sopran) Schwester des Herzogs Friedrich von Österreich und Geliebte des sizilianischen Rebellen Arrigo in *I vespri siciliani* (frz. Hélène).

Elisabetta (Sopran), frz. Elisabeth von Valois, Gattin von Philipp II., die ursprünglich dem Infanten Don Carlos bestimmt war, in *Don Carlo*.

Elvira (Sopran), Nichte und Verlobte des spanischen Grande Don Ruy Gomez de Silva, liebt aber Ernani, den Helden der gleichnamigen Oper.

Emilia (Mezzosopran), Gattin Jagos in *Otello*. Sie hebt Desdemonas Taschentuch auf, das Otello wütend zu Boden geworfen hat und das in Jagos tödlicher Intrige eine zentrale Rolle spielen wird. Nach Desdemonas Tod entlarvt sie die Machenschaften ihres Mannes.

Enrico (Tenor), Minas Cousin in *Aroldo*.

Ernani (Tenor), Bandit, eigentlich Herzog Juan von Aragon, Titelheld von Verdis fünfter Oper.

Verzeichnis der Rollen

Ezio (Bariton), römischer Feldherr und Gegenspieler des Hunnenkönigs in *Attila*.

Falstaff, Sir John (Bariton), Titelheld von Verdis letzter Oper, abgehalfterter Edelmann, der auf die Ehre pfeift. Da er sich genötigt sieht, neue Geldquellen zu erschließen, macht er sich an gleich zwei Bürgersgattinnen heran.

Federica, Herzogin von Ostheim (Mezzosopran), Nichte des Grafen von Walter, die er mit seinem Sohn Rodolfo verheiraten möchte, in *Luisa Miller* (Schillers Lady Milford in *Kabale und Liebe*).

Federico Barbarossa (Bass), deutscher Kaiser (1122-1190) in *La battaglia di Legnano*.

Federico di Frengel (Tenor), Linas Cousin in *Stiffelio*.

Fenena (Mezzosopran), Tochter des babylonischen Königs Nabucco in der gleichnamigen Oper, verliebt in Ismaele.

Fenton (Tenor), Geliebter von Fords Tochter Nannetta in *Falstaff*.

Ferrando (Bass), alter Hauptmann des Grafen von Luna, erzählt zu Beginn von *Il trovatore* den Soldaten die komplizierte Familiengeschichte des Grafenhauses.

Fiesco, Jacopo (Bass), Genueser Edelmann in *Simon Boccanegra*, Vater von Boccanegras Geliebter, die bei der Geburt ihrer Tochter Maria starb. Unter dem Namen Andrea wacht er über seine Enkelin, die unter dem Namen Amelia Grimaldi aufwächst. Der unerbittliche Gegner Boccanegras söhnt sich erst mit dem sterbenden Boccanegra aus.

Flora Bervoix (Mezzosopran), Pariser Kurtisane, Freundin Violettas, die im 3. Bild von *La Traviata* ein Maskenfest ausrichtet.

Ford (Bariton), Alices Gattin in *Falstaff*, der die Pläne des dicken Ritters durchkreuzt, indem er sich diesem unter anderem Namen vorstellt und ihn aushorcht.

Foresto (Tenor), Ritter aus Aquileja und Geliebter Odabellas in *Attila*.

Foscari, Francesco (Bariton), achtzigjähriger Doge von Venedig, eine der beiden Titelgestalten in *I due Foscari*.

Foscari, Jacopo (Tenor), Sohn des Dogen von Venedig in *I due Foscari*.

Fra Melitone (Bariton), Franziskanermönch in *La forza del destino*.

Francesco (Bariton), jüngster Sohn des Grafen von Moor in *I masnadieri*.

Verzeichnis der Rollen

Francesco Foscari → Foscari, Francesco.
Gabriele Adorno (Tenor), Genueser Edelmann und Geliebter Amelias, der Tochter des Titelhelden von *Simon Boccanegra*, wird von dem sterbenden Simon zu seinem Nachfolger bestimmt.
Gaston, Vicomte de Béarne (Tenor), Gatte Hélènes in *Jérusalem*.
Gastone, Vicomte de Létorières (Tenor), führt Alfredo Germont in *La Traviata* in die Pariser Gesellschaft ein.
Germont → Alfredo und Giorgio Germont.
Giacomo (Bariton), Schäfer aus Domrémy und Vater der Titelheldin von *Giovanna d'Arco*.
Gilda (Sopran), Tochter des buckligen Hofnarren Rigoletto in der gleichnamigen Oper. Sie lernt beim Kirchgang den Herzog als vermeintlichen Studenten Gualtier Maldè kennen.
Giorgio Germont (Bariton), Alfredos Vater in *La Traviata*, der die Ehre der Familie hochhält und von Alfredos Geliebter die Trennung verlangt; erkennt am Ende deren Großmut.
Giovanna. 1. (Sopran) Amme Elviras in *Ernani*. – 2. (Mezzosopran) Gesellschafterin Gildas in *Rigoletto*.
Giovanna d'Arco (Sopran), Heldin der gleichnamigen Oper, Tochter eines Schäfers aus Domrémy, die als Jungfrau von Orléans die Franzosen gegen die Engländer führt.
Giselda (Sopran), Arvinos und Viclindas Tochter in *I Lombardi alla prima crociata*, Nichte Paganos und Geliebte Orontes.
Giulietta von Kelbar (Sopran/Mezzosopran), Tochter des Barons von Kelbar und Geliebte des Offiziers Edoardo von Sanval in *Un giorno di regno*.
Giuseppe (Tenor), Violettas Diener in *La Traviata*.
Godvino (Tenor), Glücksritter und Gast auf Egbertos Schloss in *Aroldo*.
Graf Ivrea (Tenor), Kommandeur von Brest in *Un giorno di regno*.
Graf von Ceprano (Bass), schmiedet in *Rigoletto* ein Komplott, um sich an dem Herzog, der seine Frau entführen will, zu rächen.
Graf von Lerma (Tenor), Oberst der Leibwache in *Don Carlos*.
Graf von Luna (Bariton), junger Edelmann in den Diensten des Fürsten von Aragon, Rivale des Troubadours Manrico in *Il trovatore*.
Graf von Monterone (Bass), Vater einer vom Herzog verführten Tochter. Rigoletto in der gleichnamigen Oper macht sich über den Vater lustig und wird von diesem verflucht; an den Fluch er-

innert sich der Narr noch lange, nachdem er das gleiche Schicksal erlitten hat.

Graf von Toulouse (Bariton), Hélènes Vater in *Jérusalem*.

Graf von Walter (Bass), Rodolfos Vater, der die Liebe seines Sohnes zu Luisa Miller – Heldin der gleichnamigen Oper – hintertreibt und dadurch den Tod zweier junger Menschen verschuldet.

Gräfin von Aremberg (stumme Rolle), Hofdame der Elisabeth von Valois in *Don Carlos*, die das Zeremoniell verletzt, indem sie die Königin mit dem Infanten allein lässt, und deswegen von Philipp II. zurück nach Frankreich geschickt wird. Elisabeth bedankt sich bei ihr mit einer ergreifenden, kurzen Arie.

Gräfin von Ceprano (Mezzosopran), vom Herzog von Mantua mit aufdringlichen Komplimenten verfolgt, wodurch dieser die Rache ihres Gatten herausfordert, in *Rigoletto*.

Grenvil → Doktor Grenvil.

Großinquisitor (Bass), 90-jähriger blinder Greis und oberster Entscheidungsträger der spanischen Inquisition, damit auch eine Instanz, der sich Philipp II. beugen muss, in *Don Carlos*.

Guido di Montforte (Bariton), Gouverneur von Sizilien und Vater des Sizilianers Arrigo in *I vespri siciliani*.

Gulnara (Sopran), Lieblingssklavin des Pascha von Coron in *Il Corsaro*, in des Paschas Gegner Corrado verliebt.

Gusmano (Tenor), Sohn Alvaros, des spanischen Gouverneurs von Peru, in *Alzira*.

Guy de Montfort → Guido di Montforte.

Hélène (Sopran), Tochter des Grafen von Toulouse und Gattin von Gaston, Vicomte de Béarne in *Jérusalem*. → Elena.

Henri → Arrigo.

Herzog von Mantua (Tenor), Verführer von Gilda, der Tochter des Narren Rigoletto in der gleichnamigen Oper; für den Herzog ist Gilda zu jedem Opfer bereit.

Imelda (Mezzosopran), Lidas Zofe in *La battaglia di Legnano*.

Ines (Mezzosopran), Leonoras Gesellschafterin in *Il trovatore*.

Ismaele (Tenor), Neffe des Königs Zedekia von Jerusalem, verliebt in Fenena, die Tochter Nabuccos, des Helden der gleichnamigen Oper.

Jacopo Fiesco → Fiesco.

Jacopo Foscari → Foscari, Jacopo.

Jago. 1. (Bariton) Fähnrich des Otello, des Helden der gleichnamigen Oper, der statt seiner Cassio zum Hauptmann befördert hat, worauf Jago eine tödliche Intrige einfädelt. – 2. (Bass) Waffenträger von Don Ruy Gomez de Silva in *Ernani*.

Jorg (Bass), ein alter Pfarrer in *Stiffelio*.

Karl VII. → Carlo VII.

König von Ägypten (Bass), gibt in *Aida* nach dem Sieg der Ägypter über die Äthiopier seinem Feldherrn Radames die Hand seiner Tochter Amneris.

Konsuln von Mailand (Bässe), ein erster und zweiter Konsul von Mailand treten in *La battaglia di Legnano* auf.

La Rocca (Bass), Schatzmeister der bretonischen Stände und Onkel Edoardo von Sanvals in *Un giorno di regno*.

Lady Macbeth (Sopran), treibt aus Machtgier ihren Gatten Macbeth, den Helden der gleichnamigen Oper, zum Mord an König Duncan an; die böse Tat verfolgt sie und treibt sie schließlich in den Wahnsinn.

Leone (Bass), ein alter Römer in *Attila*.

Leonora. 1. (Sopran) Hofdame der Prinzessin von Aragon und Geliebte des Troubadours Manrico in *Il trovatore*. – 2. (Sopran) Donna Leonora, Tochter des Marchese von Calatrava, die heimlich mit dem Inka-Abkömmling Alvaro fliehen will, wodurch sie eine Kette von Unglücksfällen heraufbeschwört, die nur mit *La forza del destino*, der Macht des Schicksals, zu erklären sind. – 3. (Sopran) Tochter des Titelhelden in *Oberto, Conte di San Bonifacio*.

Lida (Sopran), Gattin des Mailänder Heerführers Rolando, frühere Geliebte des Arrigo in *La battaglia di Legnano*.

Lina (Sopran), betrügt ihren Gatten Stiffelio, den Helden der gleichnamigen Oper, mit Raffaele.

Lodovico (Bass), Gesandter der Republik Venedig, der im 3. Akt von *Otello* erscheint, um den Titelhelden auf Befehl des Dogen nach Venedig zurückzubeordern.

Loredano, Jacopo (Bass), Mitglied des Rats der Zehn und Gegner des Dogen Foscari in *I due Foscari*.

Lucrezia Contarini → Contarini, Lucrezia.

Luisa Miller (Sopran), Heldin der gleichnamigen Oper, Soldatentochter und Geliebte des Grafensohns Rodolfo.

Macbeth (Bariton), Held der gleichnamigen Oper, Feldherr in der Armee König Duncans, den er unter dem Einfluss seiner Frau ebenso ermordet wie seinen Freund Banquo.

Macduff (Tenor), schottischer Adeliger, Lord of Fife, in *Macbeth*.
Maddalena (Mezzosopran), Sparafuciles verführerische Schwester in *Rigoletto* lässt sich mit dem Herzog von Mantua ein und rettet ihn vor der sicheren Ermordung durch ihren Bruder.
Malcolm (Tenor), Sohn König Duncans, wird nach dem Tod Macbeths, des Helden der gleichnamigen Oper, von Macduff zum König ausgerufen.
Manrico (Tenor), Offizier des Fürsten Urgel, vermeintlicher Sohn Azucenas. Als *Trovatore* der gleichnamigen Oper bringt er des Nachts seiner Geliebten Leonora ein Ständchen und trifft dabei auf seinen Rivalen Luna. Beide ahnen nicht, dass sie Brüder sind.
Marchesa von Poggio (Mezzosopran), eine junge Witwe, Nichte des Barons von Kelbar und Geliebte des Cavaliere von Belfiore in *Un giorno di regno*.
Marchese von Calatrava (Bass), Vater Leonoras, der von ihrem Geliebten Don Alvaro versehentlich getötet wird, wodurch *La forza del destino*, die Macht des Schicksals, ins Spiel kommt, die am Ende der Oper auch Leonora den Tod bringt.
Marcovaldo (Bariton), deutscher Kriegsgefangener in *La battaglia di Legnano*.
Maria Boccanegra (Sopran), Tochter Boccanegras, deren Mutter bei der Geburt stirbt; wächst unter dem Namen Amelia in der Familie Grimaldi auf. Erst 25 Jahre nach ihrer Geburt findet Simon Boccanegra, Held der gleichnamigen Oper, seine Tochter durch Zufall wieder.
Marquis d'Obigny (Bass), *La Traviata*.
Marullo (Bariton), Edelmann am Hof des Herzogs von Mantua in *Rigoletto*.
Massimiliano (Bass), regierender Graf von Moor, Vater von Carlo und Francesco in *I masnadieri*.
Mastro Trabuco (Tenor), Maultiertreiber in *La forza del destino*.
Matteo Borsa (Tenor), Höfling beim Herzog von Mantua in *Rigoletto*.
Medora (Sopran), junge Geliebte des Korsarenhauptmanns Corrado in *Il Corsaro*.
Meg Page (Mezzosopran), eine der beiden Bürgerinnen, denen Falstaff in der gleichnamigen Oper einen Liebesbrief schreibt.
Miller (Bariton), Soldat im Ruhestand, Vater der Titelheldin in *Luisa Miller*.

Mina (Sopran), Gattin des Titelhelden in *Aroldo*.
Montano (Bass), Vorgänger des Otello als Gouverneur von Zypern in *Otello*.
Monterone → Graf von Monterone.
Moser (Bass), Pfarrer in *I masnadieri*.
Mrs. Quickly (Mezzosopran), übernimmt in dem Täuschungsmanöver von Alice Ford und Meg Page, die dem aufdringlichen Falstaff in der gleichnamigen Oper eine Lektion erteilen wollen, die Rolle der Botin.
Nabucco (Bariton), Nebukadnezar, König von Babylon, Held der gleichnamigen Oper.
Nannetta (Sopran), in Fenton verliebte Tochter der Fords; sie soll auf Wunsch des Vaters Dr. Cajus heiraten, doch ihre Mutter Alice und deren Freundinnen verhelfen ihr in *Falstaff* zu ihrem Glück.
Ninetta (Alt), Dienerin der Herzogin Elena in *I vespri siciliani*.
Oberto (Bass), Graf von San Bonifacio, Held der gleichnamigen Oper.
Odabella (Sopran), Tochter des von Attila ermordeten Herrschers von Aquileja, sie lässt sich in *Attila* dem Hunnenkönig antrauen, um ihn rächend töten zu können.
Oronte (Tenor), Sohn von Acciano, dem Sultan von Antiochia, und der heimlich zum Christentum übergetretenen Sofia in *I Lombardi alla prima crociata*, liebt Giselda.
Oscar (Sopran), Riccardos Page in *Un ballo in maschera*.
Otello (Tenor), Held der gleichnamigen Oper, ein Mohr, Befehlshaber der venezianischen Flotte, Statthalter Venedigs auf Zypern und Gatte Desdemonas, die er, verstrickt in eine tödliche Eifersuchtstragödie, ermordet.
Otumbo (Tenor), Inka-Häuptling in *Alzira*.
Ovando (Tenor), spanischer Offizier in *Alzira*.
Padre Guardiano (Bass), Prior des Franziskanerklosters, der in *La forza del destino* der unglückseligen Leonora innerhalb des Klosters ein Eremitendasein ermöglicht.
Pagano (Bass), Bruder des Arvino und Sohn des Herrn von Rò in *I Lombardi alla prima crociata*.
Paolo Albani → Albani.
Philipp II. (Bass), frz. Philippe II., ital. Filippo II., König von Spanien, heiratet die seinem Sohn Don Carlos in der gleichnamigen Oper zugedachte Elisabeth von Valois und sorgt dadurch für Probleme im eigenen Haus.

Verzeichnis der Rollen

Pietro (Bariton), Mann aus dem Volk und späterer Höfling in *Simon Boccanegra*, der gemeinsam mit Paolo Albani bei der Wahl Boccanegras zum Dogen von Genua seinen Einfluss geltend macht und sich dadurch persönliche Vorteile erhofft.

Pirro (Bass), Arvinos Waffenknecht in *I Lombardi alla prima crociata*.

Pistola (Bass), einer der beiden Diener Falstaffs in der gleichnamigen Oper.

Posa, Rodrigo Marquis von (Bariton), (frz. Rodrigue), Freund des spanischen Infanten Don Carlos und Vertrauter von dessen Vater Philipp II., in *Don Carlo*.

Preziosilla (Mezzosopran), eine junge Zigeunerin, die nicht nur aus der Hand lesen kann, sondern sich in *La forza del destino* auch als kaltblütige Kriegstreiberin betätigt.

Procida, Giovanni da (Bass), frz. Jean Procida, sizilianischer Arzt und Anführer der sizilianischen Freiheitsbewegung in *I vespri Siciliani*.

Radames (Tenor), Hauptmann der ägyptischen Palastwache, den das Orakel zum Feldherrn im Kampf gegen die Äthiopier bestimmt. Radames hofft, dadurch der Erfüllung seiner Liebe zur äthiopischen Sklavin Aida in der geichnamigen Oper näher zu kommen.

Raffaele di Leuthold (Tenor), Edelmann, bricht mit Lina die Ehe und wird von ihrem Gatten Stiffelio in der gleichnamigen Oper zum Duell gefordert.

Ramphis (Bass), ägyptischer Oberpriester, der in *Aida* eine zwielichtige Rolle spielt.

Re, Il → König von Ägypten.

Renato (Bariton), ein Kreole, Sekretär seines Freundes, des Gouverneurs von Boston, in *Un ballo in maschera*. Als er erkennt, dass ihn dieser (scheinbar) mit seiner Frau betrügt, bringt er ihn auf dem titelgebenden Maskenball um.

René → Renato.

Riccardo. 1. (Tenor) Graf von Warwick, Gouverneur von Boston und Liebhaber von Amelia, der Gattin seines Freundes Renato in *Un ballo in maschera*. – 2. (Tenor) Graf von Salinguerra, verführt in *Oberto, Conte di San Bonifacio* Leonora, die Tochter des Titelhelden.

Rigoletto (Bariton), Held der gleichnamigen Oper, buckeliger Hofnarr des Herzogs von Mantua und Vater Gildas, die er wie einen

Vogel eingesperrt hält und doch nicht davor bewahren kann, verführt zu werden.

Rodolfo (Tenor), Sohn des Grafen von Walter, Geliebter der bürgerlichen Luisa Miller, Heldin der gleichnamigen Oper.

Rodrigo (Tenor), venezianischer Edelmann in *Otello*, der eine unerfüllte Liebe zu Desdemona, der Gattin des venezianischen Statthalters Otello, hegt und so zu einem nützlichen Spielball in Jagos tödlicher Intrige werden kann.

Rodrigue → Posa.

Roger (Bass), Bruder des Grafen von Toulouse in *Jérusalem*.

Rolando (Bariton), Heerführer der Mailänder im Kampf gegen Barbarossa, Gatte der Lida in *La battaglia di Legnano*.

Ruiz (Tenor), Manricos Knappe in *Il trovatore*.

Samuel (Bass), Gegner Riccardos in *Un ballo in maschera*, der an der Verschwörung teilnimmt, die zur Ermordung des Gouverneurs führt.

Seid (Bariton), Pascha von Coron und Rivale Corrados in *Il Corsaro*.

Selimo (Tenor), Aga, Offizier von Seid, dem Pascha von Coron in *Il Corsaro*.

Silva (Bass), Don Ruy Gomez de Silva, spanischer Grande, der in *Ernani* mit dem Titelhelden um die Hand seiner Nichte und Verlobten Elvira buhlt.

Silvano (Bariton), Matrose, den Riccardo, Gouverneur von Boston, beschenkt, um in *Un ballo in maschera* eine Prophezeiung Ulricas in Erfüllung gehen zu lassen.

Simon Boccanegra (Bariton), Held der gleichnamigen Oper, Korsar im Dienst der Republik Genua, später erster Doge Genuas, Vater der unter dem Namen Amelia Grimaldi aufgewachsenen Maria.

Sire de Béthune (Bass), französischer Offizier in *Les vêpres siciliennes*.

Sparafucile (Bass), ein käuflicher Mörder, den Rigoletto – Held der gleichnamigen Oper – beauftragt, den Herzog wegen der Verführung seiner Tochter Gilda zu ermorden.

Stankar (Bariton), Linas Vater, ein alter Oberst und Reichsgraf in *Stiffelio*.

Stiffelio (Tenor), Held der gleichnamigen Oper, Pfarrer der Sekte der Ahasverianer und Gatte der Lina.

Talbot (Bass), Kommandant der englischen Armee in *Giovanna d'Arco*.

Verzeichnis der Rollen

Tebaldo. 1. (Sopran) frz. Thibault, Page der Elisabeth von Valois in *Don Carlos*. – 2. (Tenor) frz. Thibault, französischer Soldat in *I vespri siciliani*.

Tom (Bass), Gegner Riccardos, der an der Verschwörung teilnimmt, die in *Un ballo in maschera* zur Ermordung des Gouverneurs führt.

Uldino (Tenor), junger Bretone und Sklave des Titelhelden Attila.

Ulrica (Alt), schwarze Wahrsagerin, die dem Gouverneur von Boston prophezeit, dass er durch die Hand eines Freundes sterben wird, was in *Un ballo di maschera* dann auch tatsächlich geschieht.

Viclinda (Sopran), Gattin des Arvino in *I Lombardi alla prima crociata*.

Violetta Valéry (Sopran), Pariser Kurtisane, eigtl. Alphonsine Plessis, gen. Marie Duplessis (1824–1847), mit einer Vorliebe für frische Kamelien; Verdi machte die »vom Wege Abgewichene« und ehemalige Geliebte des Dichters Alexandre Dumas d. J. zur Titelfigur seiner Oper *La Traviata*.

Walter → Graf von Walter.

Wurm (Bass), Schlossverwalter des Grafen von Walter in *Luisa Miller*.

Zaccaria (Bass), Hoherpriester der Hebräer in *Nabucco*.

Zamoro (Tenor), Häuptling eines peruanischen Stamms in *Alzira*.

Zuma (Mezzosopran), Schwester der Titelheldin und Tochter des peruanischen Häuptlings Ataliba in *Alzira*.

Zum Autor

ROLF FATH, ausgewiesener Theaterwissenschaftler und Musikkritiker, arbeitet als Rezensent für zahlreiche deutsche und internationale Tageszeitungen sowie Opernzeitschriften und war als Rundfunk- und Fernsehjournalist tätig. Er ist Verfasser von *Reclams Opernführer* (1994 u. ö.), *Reclams Opern CD-ROM* (1997) und *Reclams Lexikon der Opernwelt* (6 Bde., 1998).

Handbücher zur Musik

Reclams *Ballettführer*. (H. Regitz, O. F. Regner, H.-L. Schneiders) 749 Seiten. 32 Abbildungen

Reclams *Chormusik- und Oratorienführer*. (W. Oehlmann, A. Wagner) 627 Seiten. 357 Notenbeispiele

Reclams *Jazzführer*. (C. Bohländer, K. H. Holler, C. Pfarr) 563 Seiten. 64 Abbildungen. Mit Notenbeispielen

Reclams *Kammermusikführer*. (A. Werner-Jensen, L. Finscher, W. Ludewig, K. H. Stahmer) 1168 Seiten. 560 Notenbeispiele

Reclams *Klaviermusikführer*. (W. Oehlmann, C. Bernsdorff-Engelbrecht, K. Billing, W. Kaempfer) Bd. 1: Frühzeit, Barock und Klassik. 815 Seiten. Rd. 700 Notenbeispiele. – Bd. 2: Von Franz Schubert bis zur Gegenwart. 1064 Seiten. Rd. 560 Notenbeispiele

Reclams *Konzertführer*. Orchestermusik. (K. Schweizer, A. Werner-Jensen) 1140 Seiten. 366 Notenbeispiele

Reclams *Liedführer*. (W. Oehlmann) 1024 Seiten. 470 Notenbeispiele

Reclams *Musicalführer*. (C. B. Axton, O. Zehnder) 663 Seiten. 31 Abbildungen. 2 Pläne

Reclams *Musikinstrumentenführer*. Die Instrumente und ihre Akustik. (E. Briner) 699 Seiten. Mit Zeichnungen

Reclams *Opern- und Operettenführer*. (R. Fath, A. Würz) 1196 Seiten. 64 Bildtafeln

Reclams *Orgelmusikführer*. (V. Lukas) 463 Seiten. 635 Notenbeispiele

Philipp Reclam jun. Stuttgart

Monographien zur Musik

Julian Budden: *Verdi. Leben und Werk.* (I. Rein / D. Klose) 408 Seiten. Mit 99 Notenbeispielen und 23 Abbildungen

Robert Donington: *Richard Wagners »Ring des Nibelungen« und seine Symbole. Musik und Mythos.* (J. Schulte) 280 Seiten und rd. 100 Notenbeispiele

Gunther Hoffmann: *Das Orgelwerk Johann Sebastian Bachs.* Ein Konzertführer. 280 Seiten. Mit den Choraltexten und 27 Notenbeispielen. UB 8540

Stefan Kunze: *Mozarts Opern.* 687 Seiten. Mit 175 Notenbeispielen und 38 Abbildungen

Friedemann Otterbach: *Johann Sebastian Bach. Leben und Werk.* 248 S. Mit 101 Notenbeispielen und 22 Abbildungen

Jürgen Uhde: *Beethovens Klaviermusik.* Mit zahlreichen Notenbeispielen.
Bd. 1: Klavierstücke und Variationen. 568 S. UB 10139
Bd. 2: Sonaten 1–15. 415 S. UB 10147
Bd. 3: Sonaten 16–32. 632 S. UB 10151

Hans Vogt: *Johann Sebastian Bachs Kammermusik. Voraussetzungen, Analysen, Einzelwerke.* 276 Seiten. Mit 189 Notenbeispielen und 8 Abbildungen

Philipp Reclam jun. Stuttgart